新中国産業論

――――――その政策と企業の競争力

遊川和郎・湯浅健司
日本経済研究センター

［編著］

文眞堂

はじめに

　異例の3期目という「新時代」に入った習近平政権は「質の高い成長」を目標として，挙国体制による「製造強国」の実現を最重要課題の1つとしている。米国との対立が長期化する中，技術の分断による打撃を最小限に食い止めて，自国の産業の競争力を向上させることが，中国の長期的な発展の礎となるとの考えである。このため，様々な業種で国家が多額の資金を投入するなどのテコ入れが加速している。ここ数年の半導体産業を巡る動きはその典型例であろう。

　国家の後押しだけでなく，外国企業との厳しい競争に揉まれる中で，世界に躍進する有力な中国企業も続々と育ってきた。その一部は日本企業を脅かす存在になっており，例えば自動車メーカーは東南アジアなど各地で日本勢の市場を奪うようになっている。

　中国の産業政策，さらには個別の伝統産業や新興産業について，現状や動向，将来展望を子細に検証することはわが国企業のビジネス展望を考える上でも必要不可欠である。その意味から，日本経済研究センターは2023年度の研究事業として，中国の産業に関わる政策や企業動向を様々な角度から検証することとした。本書はその研究成果をまとめたものである。

　研究プロジェクトの座長には中国経済の研究で活躍され，香港，上海，北京市での駐在経験もある亜細亜大学教授の遊川和郎氏にお願いした。遊川氏には全体の構成や各章の内容について，実に多くの点をご指導いただいている。このほか，研究会メンバーにはベテランの専門家から新進気鋭の学者まで多彩な方々を招聘した。編集作業は日本経済研究センターの湯浅健司が担当した。

　各章とも研究会における議論や意見交換を通じて内容を深め，悲観的でも楽観的でもない，客観的な立場から見た中国を描くように心がけた。自動車や半導体，人口知能といった話題の業種だけでなく，環境関連ビジネス，ロボット，不動産，農業と幅広い産業を取り上げており，最新の中国事情を知るうえ

でも大いに役立つものと自負している。

　中国の経済動向は年々，不透明さを増す一方である。彼らがこれから，どこに向かうのか，産業界はどうなっていくのか。そして，日本はどう向き合うべきなのか。本書が少しでもその理解の助けとなれば幸いである。

　2024年6月

日本経済研究センター 首席研究員 兼 中国研究室長

湯浅 健司

目　　次

第**3**章

半導体にみる「デカップリング」の現状

第**4**章

第 4 次 AI ブームに沸き立つ中国

第**5**章

日本を急追する中国のロボット産業

序章

共産党主導の経済政策，産業力を重視
──「新たな質の生産力」向上を急ぐ

亜細亜大学 教授

遊川 和郎

◉ポイント

- ▶ 2023年の中国経済は第1四半期から4.5〜6.3％の成長率となり，通年では政府目標を上回る5.2％成長を達成したが，景気回復は力強さを欠いた。習近平国家主席は短期的な景気対策よりも産業構造高度化など長期的な質の高い経済成長を重視し，近年では政策の多くを共産党が主導する形へと変化している。

- ▶ 政策の優先順位では科学技術イノベーションが上位に挙がる。西側の対中デリスキング（リスク軽減）を念頭に，戦略的な産業振興と「サプライチェーン強靭化」による産業安全保障を強化する目的だ。習氏は「新たな質の生産力（新質生産力）」の発展も提唱し，未来産業の創出を促す。

- ▶ 指導部は成長率よりも理想の国づくりを重視する志向を強めるが，目の前には息切れ気味の景気と長年蓄積した構造的な課題が山積している。理想と現実，短期と長期の断層という矛盾に対し，国内外の失望や不信感を招くことのない政策判断が望まれる。

◉注目データ ☞　中国の実質成長率の推移（四半期）

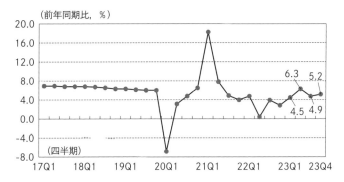

（前年同期比，％）

1．目先の景気よりも長期的な国のあり方を重視

1.1 景気対策か産業構造高度化か

　2023 年の中国経済は約 3 年にわたって続いた厳格なゼロコロナ政策が終了したことにより，年初には景気の V 字回復，国内総生産（GDP）成長率の上振れを予想する声が多かったが，第 1 四半期から 4.5%，6.3%，4.9%，5.2%，通年では目標の 5% 前後を達成（5.2%）したもののその回復力は大方の期待を裏切るものだった（図表 1）。

　景気回復が力強さを欠いたのは，不動産開発大手の経営悪化が表面化し市況の低迷が消費など経済全体に影響を及ぼしていることが大きい。飲食や観光などコロナ禍で制約されていた需要の回復はあったものの，個人消費は盛り上がらず財布のひもは固い。地方政府の債務問題，地政学リスクに伴う外資の投資控え，民営企業の活動もふるわない。さらにこうした景気の足を引っ張る要因に対する政府の対策が空回りし，国家安全か景気のテコ入れか力点が定まらない政策が頻出することも景気の先行き不安を増幅させている。2024 年の成長率は 4% 台後半を予想する声が大半で，25 年以降はさらに減速するものと見られている。中国政府は悲観的な「中国経済衰退論」が流布することに神経質に

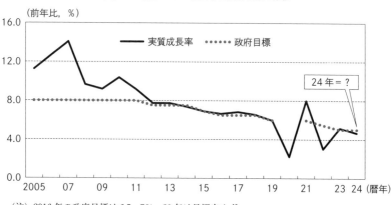

図表 1　中国の GDP 成長率と政府目標の推移

（注）2016 年の政府目標は 6.5〜7%，20 年は目標定めず

なり，中国メディアは「中国経済光明論」で民心を鼓舞し，困難はあるものの中国経済の前途に不安がないことを強調する。

　ただ直面する景気には悲観的な見方が支配する一方で，産業動向に目を向けてみるとまた別の景色が見えるのも中国経済の現実である。それは中国式現代化を標榜する習近平指導部が目先の短期的な景気対策よりも長期的な国のあり方を重視し，産業構造高度化やそのブレークスルーをいかに見出すか戦略的な経済政策を志向しているからである。

1.2　習近平主席の支配下に置かれた経済政策

　2012年に始まる「習近平新時代」の大きな特徴の1つは，すべてを中国共産党が一元管理することである。胡錦濤時代までは党が大方針を示す一方で国務院（政府）が実際の経済政策を執り行い，直面する問題を解決していた。改革開放時代には総書記が党務を中心とした全体の舵取りを行い，経済は専門知識と行政経験を基に首相が中心となって総書記と分業する体制があったのである。

　しかし，習近平体制になってからは首相が経済分野といえども独自の手腕を発揮する場面は少なくなり，代わりに「党の指導」が絶対となった。「頂層設計（トップデザイン設計）」と称して党中央に「中央財経領導小組」を設置，習総書記（国家主席）が小組主任を兼任していることが2014年6月に初めて公開された。同小組は第19回党大会（2017年）を経て，「中央財経委員会」に格上げされ，18〜22年までの間に11回開催された。就任当初は「李克強経済学（リコノミクス）」と持て囃された首相の経済政策は独自色を失い，実権はあっという間に中央財経領導小組弁公室主任を兼ねる劉鶴副首相（当時）に持っていかれたのだった（現在同主任は何立峰副首相）。

　第20回党大会（2022年）を経て李克強首相（当時）は引退，首相には新たに李強氏が就いたが，ここでさらに国務院の権限は縮小する。長年，毎週1回（通常水曜日午前）開催されていた国務院常務会議は，月に2〜3回程度に減らされ，代わりに首相主宰の「専題学習会（テーマを定めた勉強会）」が2カ月に1回程度開催されるようになった。2023年4月から12月までに計5回開催されているが，専門家を招いてデジタルや知財といった経済に関連するテーマ

もあれば，習近平思想の学習会のような回も含まれる。国務院は党からの指示を唯々諾々と執行する機関へと変質したのである。

1.3　中央財経委員会での大方針

　また，「1+N 政策体系」という用語が 2020 年頃から頻繁に用いられるようになった。「1+N 政策体系」とは前述のトップデザイン設計と共通する概念で，党の指導方針「1」に呼応して各部門が関連する政策「+N」を打ち出すという仕組みを指し，当初は国有企業改革や気候変動対策について用いられることが多かったが，核心となる党の最高決定を実現するために他部門が競って政策を立案していく様子を広く表すようになった。党が示す経済方針，すなわち「1+N」の「1」の部分が決定される場の 1 つが中央財経委員会である。

　習近平指導部の経済政策の方向性は，現指導部（第 20 回党大会以降選出）の下で行われた第 1 回の中央財経委員会（2023 年 5 月 5 日開催）に端的に示されている。

　まず，経済建設は党の中心となる仕事であり，経済に対する党の指導強化は当然のことであるとし，中央財経委員会がその大きな責任と重要な役割を担うとした。そのうえで，強調したのは「現代化産業体系」と「産業安全保障」である。目先の景気対策は眼中になく，実体経済に立脚した強固な産業体系をいかに構築するのか，また科学技術を中心に据えた経済安全保障の遂行を至上命題としている。これを読む限り，景気浮揚や成長加速といった問題意識は感じられず，テクノロジーを活用していかに美しく理想的な社会とそれを可能にする経済体系を作り上げるかに意識は集中している。コンセプトとしては，数字（デジタル），智能（スマート）の活用，緑色（エコ）推進，創新（イノベーション）駆動といったところになろう。一方で，テクノロジーを活用した伝統産業の高度化，ローエンド産業の高度化，モデルチェンジも強く提唱している（図表 2）。

　また同委員会では，少子高齢化，地域分布の趨勢など人口動態等を踏まえた発展戦略や社会問題の解決にも言及した。農業（食糧安全保障）については，第 2 回の中央財経委員会（2023 年 7 月 20 日）で詳細に述べられている。

図表2　第1回中央財経委員会で示された経済政策の方向性（一部抜粋）

◎実体経済に支えられた現代化産業体系の構築加速
・人工知能（AI）など新たな科学技術イノベーションの波を掌握
・人と自然の調和・共生という要求に適応
・世界的なイノベーション要素の効率的結集
・産業のスマート化・グリーン化・融合化推進
・完全性・先進性・安全性を備えた現代化産業体系の構築
◎実体経済重視の堅持と実体経済からの離脱や仮想経済への転換防止
・「穏中求進，循序漸進（順を追って着実に進む）」の堅持
・規模や舶来崇拝の戒め
・三次産業間の融合的発展の堅持
・伝統産業のモデル転換・高度化の推進，「ローエンド産業」の単純淘汰を排す
・開放・協力の堅持，客観的状況を無視した独善的な進め方は不可
◎最重要課題は産業安全保障
・戦略分野のトップレベル設計強化，産業政策の相乗効果向上
・主要コア技術，戦略的資源の支援強化
・科学技術イノベーションにおける企業の主体的な地位を制度的に実現
・穀物の貯蔵技術をさらに重視し，耕作地など自然条件による生産制約を技術で突破
・超巨大市場の優位性を生かした内需拡大戦略と創新駆動発展戦略の有機的結合，産業チェーンとサプライチェーンのオープンな協力強化
・世界一流の企業を全力で作り上げ，優れた起業家の擁護，優れた職人の育成が肝要

（出所）報道から筆者作成

2．さらに位置づけの上がった科学技術

2.1　23年12月の中央経済工作会議

　2023年12月に開催された中央経済工作会議は，減速感が強まる中で24年に向けてどのような経済政策（景気対策）を打ち出すのか注目されたが，そこでの議論は周囲の期待とは異なるものだった。

　経済運営の基本方針については，これまでも主旋律である「穏中求進（安定の中で前進を求める）」に「以進促穏（進歩を通じた安定の促進）」，「先立後破（先に作って後で壊す）」の2つが加わった。その解釈は1つではないが，前者はより積極的なイノベーションによって安定がもたらされるという攻めの姿勢，後者は後先考えず何も受け皿のないところで新しいことを進めてはならない，と経営が悪化した不動産企業の破綻処理への慎重な姿勢と読み取ることが

図表3　中央経済工作会議で示された 2024 年の重点政策（科学技術）

◎破壊的技術（disruptive technology）や先端技術が促す新産業，新モデル，新動力。「新質生産力」の発展
◎新型挙国体制の整備，製造業重点産業チェーンの質の高い発展行動，品質サポートと標準指導の強化，産業チェーンとサプライチェーンの強靱性と安全性向上
◎新型工業化推進，デジタル経済，人工知能の発展加速
◎バイオ製造，商業宇宙飛行，低空経済（ドローン活用）など戦略的新興産業育成
◎量子科学や生命科学など未来産業の新たな開拓，デジタルインテリジェンスとグリーンテクノロジーの幅広い応用による伝統産業の変革・アップグレード加速
◎応用基礎研究と先端研究を強化し，科学技術イノベーションにおける企業の支配的地位を強化
◎ベンチャーキャピタル，エクイティ投資の発展奨励

（出所）報道から筆者作成

できる。

　そのうえで注目されたのが 2024 年の経済工作の筆頭に「科学技術イノベーションにけん引された現代化産業体系建設」が置かれたことである（前年は 2 番目）。前年（2023 年目標）では内需拡大が筆頭（24 年目標では 2 番目）だったので 1 番目と 2 番目が交代した格好だが，減速する目下の経済状況に対する対策としては内外で認識のギャップを感じさせるものだった。

　西側先進国の対中デリスキング（リスク軽減）を念頭に置いたものと思われ，科学技術イノベーション促進による戦略的な産業振興と「サプライチェーン強靱化」による万全な防御態勢の構築という 2 面性を有しているものの，現下の息切れする経済動向の中で打ち出す重点政策としては必ずしも焦点が合っていないように見える。直面する景気減速に対する施策と長期的な発展の青写真の間のギャップは埋めがたい。

2.2　「新たな質の生産力」

　上述の経済工作会議において「新たな質の生産力（新質生産力）」を発展させなければならない」と記され，「新質生産力」は中国メディアがこぞって大きく取り上げ，2023 年を代表するキーワードの 1 つとなった[1]。

　「新質生産力」がここまで注目されるのは，習近平国家主席が提起したから

---

[1]　中国の言語文学雑誌『咬文嚼字』が「2023 年流行語トップ 10」に選出。

に他ならない。2023 年 9 月に習氏が黒竜江省を視察した際，「科学技術革新の資源を統合し，戦略的新興産業と未来産業の発展をリードし，新たな質の生産力を加速度的に形成する」と強調したことによる。

　中国メディアによれば，「新質生産力」とは，新興産業と未来産業を積極的に発展させ，科学技術のイノベーションによって産業の振興をリードし，新たな経済成長の領域を切り開き続ける力のことを指す。

　従来型の生産力との差は技術水準の高さとイノベーションがカギとなっている点にあるという。その具体例としては，脳型知能や遺伝子技術，未来ネットワーク，深海・深宇宙開発，水素エネルギーとエネルギー貯蔵といった最先端の科学技術と産業変革分野において，新たな産業を創出して発展させることとしている[2]。

　2024 年 1 月末の政治局集団学習会では，「新質生産力」をテーマに行われ，質の高い発展は新時代の絶対原則であるとして，習氏が新質生産力の発展加速を促す発言を行った。

2.3　中央科技委員会，国家データ局の新設

　時系列では前後するが，2023 年 3 月に行われた全国人民代表大会（全人代，国会に相当）での機構改革も，中国共産党の問題意識を裏付けるものだった。機構改革は過去のような肥大化した官僚機構のスリム化や党政分離（党と政府の権限明確化），政企分離（行政と企業の切り離し）ではなく，逆に党による政府の統制強化がその目玉だった。全人代という政府部門の政策を議論する場で党がその上に立つことを立法化するという異例の展開とも言える。

　全人代では中央科学技術委員会，中央金融委員会の新設が決まった。いずれも専門性の高い部門であるが，そうした分野においても現場任せにして党の管理から逃れることを許さず，党がしっかりと首根っこを押さえることを狙いとしている。

　特に政府の科学技術省の上に中央科学技術委員会が設置され，同省は事実上その実働組織に権限を縮小された。国際的な科学技術競争や技術の分断という

　2　「中国，『新たな質の生産力』の形成を加速」『人民網』日本語版，2024 年 1 月 10 日；「中国の新しいキーワード『新質生産力』とは？」中国国際放送局，2023 年 10 月 6 日。

図表4　「インターネット＋」と「データ要素×」の重点行動領域

「インターネット＋」(2015 年 7 月)		「データ要素×」(2024 年 1 月)	
1	創業創新	1	工業製造
2	協同製造	2	現代農業
3	現代農業	3	商業・流通
4	スマートエネルギー	4	交通・運輸
5	金融包摂	5	金融サービス
6	公共サービス	6	技術革新
7	高効率物流	7	文化観光
8	電子商取引	8	医療ヘルスケア
9	交通	9	危機管理
10	エコ・生態	10	気象サービス
11	人工知能	11	都市ガバナンス
		12	エコ・低炭素

（出所）国家データ局発表資料から筆者作成

状況の中で挙国体制での戦略的，統一的な指導の強化を図る狙いである。

　機構改革のもう1つの目玉は「国家データ局」の新設で，2023 年 10 月に発足した。デジタル経済の発展にはデジタルの産業化と産業のデジタル化を同時に推進する必要があるとしてその強化を図るものである。国家発展改革委員会の管理の下，中央網信弁（中央サイバーセキュリティー・情報化委員会弁公室）の一部職能が移管され，データ資源の積極的な活用を後押しする狙いである。

　国家データ局は 2024 年 1 月に 17 部門と共同で「『データ要素×』3 カ年行動計画（2024〜26 年）」を発表した。同行動計画は 12 の重点分野を例に挙げてデータ要素の相乗発揮を目的として掲げている。15 年に政府が打ち出した「インターネット＋」との類似点も多く，データを切り口にした進化版と見ることも可能である（図表4）。

2.4　「新三様」の出現

　手詰まり感の強いニュースの多かった 2023 年の中国経済の中で明るい話題は「新三様（新御三家）」の出現だった。圧倒的な世界シェアを誇る伝統的な

輸出工業製品のアパレル，家具，家電を「老三様（旧御三家）」と呼び，23 年に輸出を急激に伸ばした新エネルギー車，リチウムイオン電池，太陽電池を「新三様」と中国メディアは持て囃した。

　「新三様」の輸出額合計は 2023 年，初の 1 兆元超え（1 兆 600 億元＝約 20 兆円，前年比 29.9％増）で，その躍進は労働集約型が中心だった輸出工業製品が高度化した象徴的な事例，また民営企業の旺盛な活力の事例として取り上げられている。ガソリン車を含む自動車輸出台数は 491 万台（同 57.9％増）で日本を抜いて初めて世界第 1 位に躍り出た（うち新エネ車は同 77.6％増の 120 万 3000 台）。

　「新三様」の他に，船舶も輸出 4940 艘と同 23.2％の大幅増，造船業 3 大指標（造船竣工量，新規受注量，手持ち受注量）は 14 年連続世界一を記録した。2024 年 1 月には中国初の国産大型クルーズ船「愛達・魔都（Adora Magic City）」が就航（上海外高橋造船建造），中国メディアによれば，独，仏，伊，フィンランドに続く 5 番目の大型クルーズ船建造国となり，技術的に難度の高い航空母艦，大型液化天然ガス（LNG）運搬船，大型クルーズ船の 3 つの建造をクリアしたという。

　また初の国産旅客機「C919」が 2023 年 5 月，国内で運行を開始した。同機は中国商用飛機（COMAC）が開発した座席数 158〜192 席の中型旅客機で米ボーイング「737」や欧州エアバス「A320」と競合する機体だが，世界標準での安全性証明は取得せず巨大な自国市場での実績を優先し，その後で低価格を武器にした輸出拡大を図るものと見られている[3]。

3．理想の成長像と現実とのすり合わせ

3.1　2000 年代高成長の原動力とその後

　改革開放以来，40 年以上にわたって高成長を続けてきた中国経済であるが，2000 年以前にはまだ計画経済的な要素が色濃く残っていた。これを変える原動力となったのが 1990 年代後半，世界貿易機関（WTO）加盟に向けて朱鎔基

3　「中国国産ジェット「C919」運航開始　輸出へ野心」『日本経済新聞』2023 年 5 月 29 日。

図表5　朱鎔基改革（2000年前後）のその後

実行した改革	狙　い	措置・結果	現在地
WTO加盟	外圧を利用した市場経済化	内外経済一体化，産業チェーンの確立	デリスキング
行政	政企分離	機構改革，スリム化	党の指導強化
国有企業	戦略的改組	抓大放小，国進民退	民営企業を圧迫
金融	改革初期の不良債権処理	四大銀行への資本注入，資産管理会社への不良債権移転	不動産企業の巨額債務
分税制	マクロコントロールの強化	中央税収の強化，地方財政の困窮，土地売却収入依存	地方債務増大
自動車	法人需要から個人消費喚起	マイカー市場拡大民族系の台頭	輸出世界一EVでの主導権握る
科教興国	科学と教育による国興し	大学定員拡大，労働市場参入圧力先送り	若年層の失業寝そべり
住宅	個人消費喚起，関連作業振興	賃貸から持ち家へ，不動産市場過熱	住宅価格高騰，デベロッパー経営危機

（出所）筆者作成

首相（当時）が断行した3大改革（行政，金融，国有企業，図表5）である。90年代前半までは計画経済の中で抑え込まれていた需要と生産力を解放するだけで経済は過熱していたが，市場経済への転換に伴う構造不況とアジア金融危機の影響も相まって，初めて景気のけん引役不足と失業問題が顕在化した。当時の失業者は主に国有企業の従業員だったが，これを乗り切るために行った1つの施策が「科教興国」であり，大学定員拡大によって若者に高等教育機会を提供し労働市場参入圧力を先送りした。

　また新たな需要を創出するため「住宅の商品化」に取り組んだ。即ち，計画経済時代には国有企業や政府機関など職場が低廉な家賃で提供していた住宅（社宅，職員住宅）を廃止し，個人が購入して居住する持ち家へと大きな社会制度の変更に切り込んだ。当初は国民に住宅購入の資金的な備えがないので手が届く価格での払い下げから始まり，その後住宅の取引価格はうなぎ上り，不動産部門とその関連産業はGDPの約4分の1を占めると言われる重要産業へと発展した。しかし近年では過去20年の住宅価格上昇と人口動態に伴う実需の頭打ち，投資需要の低減（房住不炒），供給過剰等により調整期に入ったこ

とは間違いない。

　2000 年以降に登場したもう 1 つの巨大産業が自動車である。WTO 加盟による輸入車の関税引き下げで最も深刻な打撃を受けると言われた産業であるが，庶民の所得向上に伴うマイカーブームの波に乗った。廉価な民族系メーカーの台頭もあって自動車生産・販売台数は 09 年に世界一となり（以後 15 年連続），23 年には初の 3000 万台突破，輸出台数でも前述のように初めて日本を抜いて世界一となった。

　すなわち，中国経済は 2000 年代に入って不動産と自動車という新たな 2 大産業が大きなけん引役になった。どちらも供給過剰と過当競争という構造的な課題はあるが，自動車は電気自動車（EV）という代替わりによって新たな主力輸出工業製品となる一方，国内市場に限定される住宅（不動産）は長年の野放図な成長を持続することが難しくなり，その後始末と新しい段階への転換を迫られている。

　また 1998 年に 108 万だった大学募集定員は「科教興国」の掛け声で急増し，2021 年には 1000 万を超えた（2022 年 1015 万，図表 6）。大量に増加した大学生は，その後のインターネット普及，起業ブームの中で新産業・新業態の誕生に大きく寄与したが，現在の中国の雇用問題の中心はこうして増加した大卒・高学歴の若者である。すでに一定の豊かさを享受しているものの住宅取得

図表 6　急拡大した中国の大学定員

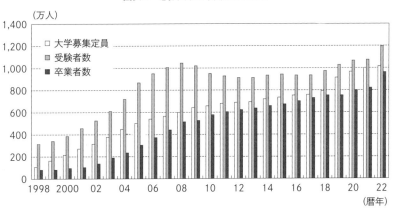

（出所）『中国統計年鑑』各年版

は並大抵のことではなく，厳しい競争から逃げられない社会には閉塞感や厭世観も漂う。

　中央の統制が地方に行き届かず過熱を引き起こしやすい経済にメスを入れるため1994年に導入した分税制は中国式のマクロコントロールを確立した一方，地方財政が困窮しそれを地方の自助努力に委ねた結果，土地売却収入に依存する仕組みを招来した。

　朱鎔基改革が遺した政策効果は十分にこれまでの驚異的な成長に貢献した。今必要とされているのは，その後四半世紀を経て必要とされている問題への取り組みであり，その延長線上に科学技術の持続的な発展があるのではないか。

3.2　短期と長期の政策断層

　前述のように科学技術の発展がけん引する中国の将来像は明るく美しい。国が一丸となってイノベーションを後押しし，社会実装まで可能な競争環境は中国特有の優位であり，その実現は絵空事ではない。その一方で息切れ気味の景気と目の前に横たわる長年蓄積した課題をどう処理するのか，そこに短期と長期の断層が存在していることが現在の中国経済の主要矛盾である。

　指導部はその解消にモラルハザードを誘発する政策措置を選択しない。同時に景気の極度の悪化や社会不安を引き起こすことも許さない。質の高い発展，理想主義的な社会の追求を絶対視し，本来課題の克服には必要とされる思い切った解決策が採られないまま，いよいよ行き詰まってその修正を図ろうとする。

　改革開放の時代には成長に寄与した民営企業と外資に対しても，今後統制を放棄することは考えづらい。「中国式現代化」「共同富裕」「人類運命共同体」「質の高い発展」「グリーン・低炭素」といった新時代において，ゆるがせにできない大原則はすべてに優先される。経済成長よりも理想の国づくりを重視する政権の志向は強い。習近平一強体制の中での政策バランスはぎこちなさが存在する。国の美しい将来像と目の前の矛盾の間で内外から失望や不信感を招くことのない政策判断が望まれる。

第1章

中国の産業政策，企業の競争力を向上
——地方政府も民間部門の育成に貢献

日本貿易振興機構アジア経済研究所 主任研究員

丁　可

●ポイント

▶中国における産業政策の制定，執行主体は，重層的な構造を形成している。中央省庁は，政策の大枠を決定し，省庁間や産官学の利害調整を行う。地方政府は具体的な産業育成策の制定や実施，補助金の支給等において主導的な役割を果たす。

▶産業政策の支援対象として，民間企業は政府補助金の視点から見ると，差別的な扱いを受けているとはいえない。戦略的部門を支配する国有セクターと，新産業創出や起業とイノベーションをけん引する民間セクターは，いずれも中国の産業発展にとって必要不可欠である。

▶中国の産業政策は，調整機能や知識伝達機能，斡旋機能等を伴う複雑な政策体系である。政策目標を達成するために，補助金のみならず，戦略諮問委員会の創設やモデル地域，モデルプロジェクトの指定，新技術の運用場面の提案など，多様な手段が講じられている。

●注目データ ☞ 　中国における地域別半導体投資状況

	投資額（億元）	プロジェクト数
安徽省	4,526	304
広東省	3,423	66
上海市	2,255	−
福建省	2,003	31
重慶市	1,362	18
陝西省	1,330	23
江蘇省	857	23
湖北省	793	−
四川省	416	−
その他	4,611	272
合計	21,576	737

（注）2021〜22年の統計。プロジェクト数の「その他」には上海市，湖北省，四川省が含まれている
（出所）集微網のデータをもとに筆者作成

1．はじめに

　本章の課題は，中国における産業政策の全体像を示すことである。2010年代以降，中国において顕著な産業高度化と新産業創出が発生した。中国は世界の製造業付加価値総額の3割を占める，正真正銘の「世界の工場」に成長を遂げただけでなく，電気自動車（EV）や太陽光発電装置，次世代の通信技術である5G通信設備など，多くの新興産業において世界的な競争力を持つに至った。その背後には「中国製造2025」はじめ，中国政府による強力な産業政策の実施が重要な要因として働いていた。

　その一方で，中国の産業政策については，中央政府が潤沢な補助金を支給することにより，赤字国有企業を温存させ，過剰生産能力と過当競争を生み出すという，ネガティブな印象も諸外国から持たれている。米中貿易戦争だけでなく，最近の欧州連合（EU）とのEVをめぐる貿易摩擦でも，このような「不公平」ひいては「非効率」な政策は問題視されている。

　これら中国の産業政策をめぐるポジティブとネガティブな側面を整合的に理解するためには，産業政策の実施メカニズムを全面的に考察する必要がある。そこで以下では，まず第2節で中国における産業高度化の実態を概観し，近年における産業政策実施の経緯を簡単に整理する。続いて第3節では産業政策の制定，執行主体，第4節では産業政策の支援対象，第5節では産業政策の手段という3つの側面から，中国の産業政策を具体的に検討する。

2．中国における産業高度化の進展と産業政策の本格化

　2010年代以降，中国は顕著な産業高度化を経験していた。2004年時点で，世界の製造業付加価値総額に占める中国の割合はわずか8.6％で，米国（22.2％）やEU（25.4％），日本（14.2％）を大きく下回っていた（図表1）。しかし，その後，中国は07年に日本を上回り，そして，10年と11年には米国とEUを超え，世界最大の製造大国になった。22年現在，世界の製造業付加価値総額に占める中国の割合は30.5％に上っている。なお，次の世界の工場

図表1　世界の製造業付加価値総額に占める各国の割合

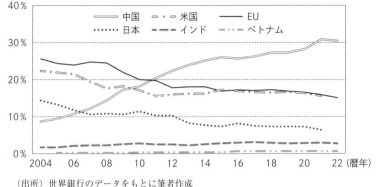

（出所）世界銀行のデータをもとに筆者作成

の候補地とみなされているインドやベトナムは，製造業付加価値の視点から見ると，長年，世界全体の5％以下の低水準で推移しており，中国との差はまだまだ大きい。

　中国では，産業高度化に伴って技術集約的もしくは資本集約的な中間財部門が次第に台頭するようになった。最新の研究によると，世界の中間財生産に占める中国の割合は，2018年時点で40％程度にまで上昇している。この数字は，すべての先進国による中間財生産の合計，そして中国以外のすべての途上国による中間財生産の合計を上回っている（Baldwin et al. 2023）。

　上記した顕著な産業高度化の背景には，中国政府による強力な産業政策の実施が重要な要因として働いている（Naughton 2021；丁 2023）。中国政府は，1990年代に市場経済への移行を始めてから，自動車や半導体産業等を対象に，次第に産業政策を打ち出していた。しかし，その大多数は資金や政策資源の実質的な投入を伴わないものだった。中国において産業政策が本格的に展開し始めたのは，2006年に技術の独自開発を目標とする「自主創新」戦略が確立された後であった。中国政府により上場企業へ支給される補助金の推移をみると，その金額は08年の360億元（約7200億円）から20年には2140億元へ6倍近く増加している（Wind データベース）。中国における新産業創出の主たる政策手段である政府引導基金（投資ファンドの一種）の状況についてみると，数字が確認できる14年以降，やはり基金の規模と基金数とも大幅に増加

図表2　中国における政府引導基金の推移

年度	基金の規模 （億元）	うち新設基金 （億元）	基金の数	うち新設基金
2014	1,623	617	266	53
2015	5,952	4,329	539	273
2016	11,354	5,402	945	406
2017	15,668	4,314	1,129	184
2018	19,148	3,480	1,259	130
2019	21,054	1,906	1,333	74
2020	22,159	816	1,375	35
2021	24,666	2,507	1,437	62
2022	27,378	2,712	1,531	94

（出所）投中数拠のデータをもとに筆者作成

している（図表2）。

　自主創新戦略が確立された以降の産業政策の最大の特徴は，キャッチアップよりもリープフロッグに政策の重点が置かれていたことである（Naughton 2021；丁 2023）。つまり，中国政府は既存の弱小産業の保護や育成よりも，新興産業の創出を通じて，一気に世界の最先端に躍り出る，という壮大な目標を掲げていたのである[1]。例えば，2010年に中国では「戦略的新興産業」という政策が発表され，EVなど新エネルギー車や次世代情報技術等の新興産業が育成の対象に指定された。15年に発表された中国製造2025では，「工業化と情報化の融合」，すなわち製造現場に最先端のデジタル技術を導入することにより生産性の向上を図ることを大きな政策目標に掲げた。

　2020年代に入ってからもこのようなリープフロッグ的な発想は，中国の産業政策に色濃く反映されている。例えば習近平国家主席は，2023年9月に実施した黒竜江省視察で「新質生産力」という新概念を打ち出しており，新エネルギーや新材料といった未来産業を育成することによって，経済発展に新たな原動力をもたらす考えを改めて示していた。

　中国政府による産業発展への強力な支援は，米国に強く警戒され，米中対立

　1　半導体産業では既存技術も使われていれば次世代技術の開発も進められている。よって，半導体自体，新興産業とは言い切れない。ただ，第4次産業革命のコアの部分である人工知能や5G通信技術等は，いずれも半導体の性能に大きく依存している。このため，中国政府は産業政策の重要な部分として，半導体産業の育成に取り組んでいる。

の大きな引き金になった。その後，半導体産業を中心に，米国は中国に対する技術デカップリングや輸出管理規制を一気に強化した。元々，産業高度化の進展とともに，中国の産業政策に占めるイノベーション政策の重要性は徐々に高まっていたが，米中対立を受けて，この動きは一気に加速した。「新型挙国体制」という言葉に象徴されるように，中国はいまや国を挙げて半導体等の「キーコア技術」の独自開発と，これを支えるイノベーションシステムの再構築に取り組んでいる（丁 2023）。

3．産業政策の制定とその執行主体

　前節では，「自主創新」戦略に端を発する近年の産業政策の概要を整理した。では，中国の産業政策は，どのようなメカニズムを通じて，個別産業の育成と高度化に貢献していたのだろうか。以下では，①産業政策の制定と執行主体②産業政策の支援対象③産業政策の政策手段——という 3 つの側面から分析をしていきたい。

3.1　中央と地方がそれぞれ政策担う

　周知のように，産業政策の制定，執行に関して，東アジア諸国・地域においては中央省庁の果たす役割が圧倒的に大きかった。例えば，日本の場合，かつての通商産業省が戦後の産業政策をめぐる意思決定と執行を主導していた。韓国や台湾にも類似した機能をもつ省庁が存在していた。それに対して中国では，産業政策をめぐる政策主体が重層構造を形成しており，中央省庁とともに，各レベルの地方政府も重要な機能を担っている[2]。前述した新産業創出の主たる政策手段である政府引導基金の事例でもって，この点を確認しよう。
　2022 年末時点で，中国全土で 1531 の引導基金が創設されているが，そのうち中央レベルの基金の数は全体の 1.5％しか占めていない。それに対して，

　2　本章の中国の産業政策における地方政府の役割についての理解は，瞿宛文教授が 2023 年 10 月 29 日に復旦大学で行った中国の産業発展に関するセミナーから重要なヒントを得ている。同セミナーの詳細については「張門 seminar 瞿宛文教授専場：研究中国産業発展的一些心得」張軍説 WeChat 公式アカウント（2023 年 11 月 7 日）を参照されたい。

省，市，県（区）レベルの基金数はそれぞれ24.3%，53.4%，20.8%を占めている。引導基金の資金規模についてみると，中央の割合が7.5%であるのに対して，省，市，県（区）の基金規模の割合はそれぞれ38.4%，42.7%，11.4%に達している（投中研究院 2023）。

　具体的にみると，中央では主に国務院（政府），国家発展改革委員会，工業情報化省，科学技術省といった省庁が産業政策に関連する業務に従事している。これらの省庁では，育成するべき産業を指定し，産業政策の大枠を決定する。なお，2023年3月にキーコア技術の研究開発の推進を目標とする中央科学技術委員会が設立された。この委員会には，省庁間の政策調整を行う強力な機能が付与されており，国務院ではなく中国共産党中央委員会に直属することになっている。

　その一方で，各省，市，県（区）レベルの政府も，ともに産業政策の重要な担い手である。地方政府は中央政府が決めた産業政策の執行のみならず，各地方の実態に合わせながら，中央の政策の補完ないし強化を図っている。以下では，半導体産業政策の事例を中心に，このような産業政策をめぐる重層構造の実態を説明しよう。

3.2　半導体産業政策にみる地方政府の重要性

　米国による輸出管理の強化を受けて，国務院は，2020年に「新しい時期における集積回路産業とソフトウェア産業の質の高い発展の促進に関する若干の政策」（以下では「若干政策」と略す）を発表した。その後，21年から始まった第14次5カ年計画では，「『十四五』デジタルエコノミー発展計画」など，半導体に関連する4つの発展計画を発表した。

　これら半導体産業政策の中身について詳しく見ると，「若干政策」による半導体企業への金融面での支援は，主に優遇税制に集中していた。一方で引導基金を通じた投資支援策，銀行融資による支援等については，大きな方針を決めるにとどまり，詳細は地方政府に委ねられていた。補助金は，言及すらされていなかった。資金以外の支援策の大部分も，中央が大枠を決めた後，具体的な措置の策定は地方に任せられていた。なお，第14次5カ年計画に含まれる4つの発展計画も，半導体に関連する各分野の発展目標を設定することにとど

まっていた。

　一方で地方政府側の対応についてみると，半導体に関連する産業基盤のある
ほとんどの地域では，独自の半導体産業育成策が発表された。筆者が確認した
ところでは，少なくも上海，広東，浙江，江蘇，福建，山東，安徽，重慶，四
川，陝西の省・市においてこのような政策が制定されていた。例えば上海市の
場合，市政府が2021年12月に「新しい時期の上海市における集積回路産業と
ソフトウェア産業の質の高い発展の促進に関する若干の政策」を発表した。

　この政策では，人材育成，企業支援，投融資支援，研究開発と応用支援，長
江デルタ地域におけるイノベーション連携，業界管理支援という6つの面にお
いて，具体的な支援策が定められていた。政府補助金に関する内容を確認する
と，例えば半導体設備や材料，関連する設計支援ツール（EDA）等のソフト
ウェアの新規投資に関しては，1億元を上限として，投資額全体の30％を補助
金として支給する支援措置が決まっていた。また，28ナノ（ナノは10億分の
1）以下の半導体のテープアウト費用（試作費）に対しても，1億元を上限と
して，全体費用の30％を補助することが決定している。

　上海市は，2022年11月にさらに「上海市集積回路とソフトウェア企業のコ
アチームへの専門奨励方法」を発表し，一定の売上を達成した半導体企業の研
究開発チームに対して，数百万元から数千万元に上る奨励金を支給することを
決定した。

　なお，上海は直轄市であるため，市政府主導で産業政策が制定されていた。
他地域の場合，例えば広東省においては，深圳市，同市宝安区，同市南山区，
佛山市，同市南海区，珠海市横琴開発区，広州市南沙区がそれぞれ独自の半導
体政策を発表していた。

　地方政府の積極的な介入は，中国各地で過熱ともいうべき半導体投資ブーム
を呼び起こしていた。図表3では，2020年の政策が発表された後の21〜22年
の2年間の地域別の新規半導体プロジェクト数と投資額の数字を示している。
図表の通り，半導体産業の育成に乗り出した地域では，少ない場合は数十，多
い場合は300以上のプロジェクトが立ち上げられていた。予定していた投資額
にも目を見張るものがある。中国政府が創設した半導体大基金の第2期（2019
〜24年）の予定投資額は1500〜2000億元であるのに対して，全国で予定さ

図表3　中国における地域別半導体投資状況

	投資額（億元）	プロジェクト数
安徽省	4,526	304
広東省	3,423	66
上海市	2,255	－
福建省	2,003	31
重慶市	1,362	18
陝西省	1,330	23
江蘇省	857	23
湖北省	793	－
四川省	416	－
その他	4,611	272
合計	21,576	737

（注）2021〜22年の統計。プロジェクト数の
　　　「その他」には上海市，湖北省，四川省が
　　　含まれている
（出所）集微網のデータをもとに筆者作成

れた投資額の合計はそれをはるかに上回る2兆元1000億元以上にも上っていた。投資資金の大多数は，当然ながら，地方レベルで調達されている。

　このような活発な投資活動の背後では，半導体リーディングカンパニーをめぐる誘致合戦が繰り広げられている。地方政府は，優良企業の進出を促すために，競って補助金を引き上げたり，投資環境を改善したりする。その結果，一部の地域では半導体産業集積が形成され，投資が投資を呼ぶ好循環が働くようになる。当然ながら，産業育成に失敗し，補助金等の支援措置が無駄になってしまう地域も出てくる。中国における過剰生産能力の形成や地域債務問題の深刻化は，いずれもこのような産業育成と企業誘致をめぐる地域間競争の文脈において理解する必要がある。

3.3　地方も独自のイノベーションエコシステムを構築〜深圳の取組み

　近年，産業高度化の進展に伴い，中国の産業政策ではイノベーション政策のウェートが次第に高まった。そして，米中対立による厳しい輸出管理規制や技術デカップリングはこうした動きを一気に加速した。中央政府は，国家レベルでのナショナルイノベーションシステムの強化に取り組んでいるが，各地方政府も地域独自のイノベーションエコシステムの構築に躍起になっている。

　中国では従来，大学や研究機関，高度人材等の研究開発資源が北京や上海市といった少数の大都市に集中していた。そこで，地方政府の重要な機能は，これら高度に集中するイノベーション資源の地元への誘致，および地元企業とのマッチングを行うことである[3]。以下では，深圳市の事例でイノベーションエコシステムの構築における地方政府の役割を確認しよう。

　深圳市は本来，一流大学等の研究開発資源に恵まれていない新興都市であった。1990 年代以降，市政府は次第に全国の一流大学や研究機関の誘致，および地元大学の創設に取り組むようになった。直属の深圳大学と南方科技大学を創設しただけでなく，北京大学，清華大学とハルビン工業大学を誘致し，それぞれ深圳研究生院（大学院）を創設した。さらに，香港中文大学を誘致し，学部から大学院まで含む深圳キャンパスを創設した。このほか，中国科学院深圳先進技術研究院，深圳スーパー計算センター，中国国家遺伝子バンクという 3 つの先端研究機構の誘致と創設にも成功した。これら大学，研究機関のうち，深圳大学と北京大学，清華大学，ハルビン工科大学深圳研究生院以外は，いずれも自主創新戦略が確立された 2005 年以降に創設されたものである。

　米中対立が激化した後，キーコア技術の独自開発が喫緊の課題として浮上した。そこで深圳市は，大学や研究機関と製造業との産学連携の強化を図るように取り組んでいる。例えば，市政府は地域のイノベーション活動を支援するために，地元大学の研究装置の購入に巨額の補助金を提供する。これらの研究装置は，公共財として当該大学のみならず，地元の企業や他研究機関との共同開発にも使用される。場合によっては地元企業や他研究機関による独自利用も認められる。深圳では，このように産官学がより緊密に連携するイノベーションエコシステムを構築するよう，様々な取組みが行われている。

4．産業政策の支援対象

　2010 年代以降，中国では「国進民退」（国有企業のプレゼンスが拡大し，民間企業の成長が抑制される）が大きく進んだと言われている。米中対立でも，

　3　深圳のイノベーションエコシステムの情報については，主に 2023 年 10 月末に実施した深圳での現地調査による。

中国政府が補助金を通じて赤字経営の国有企業を支援してきたことが問題視されている。しかし，産業政策の視点から見ると，実際には役割分担こそ異なるものの，国有企業と民間企業とも，場合によっては外資系企業も政策支援の対象だった。

4.1　産業発展における民間企業のプレゼンス

　まず，『中国統計年鑑2022』のデータに基づき2010年代以降，中国の製造業における各所有制企業の資産規模の変化について確認しよう。10年，15年，21年という3つの時点における工業企業資産に占める各所有制企業のシェアについてみると，国有企業のシェアは，41.8％から38.8％，38.5％へ，外資系企業のシェアは25.1％から19.7％，19％へそれぞれ減少している。一方で民間企業のシェアは33.2％から41.5％，42.4％へと増加しており，特に2010年代の前半は顕著な成長を遂げていた（図表4）。

　私営企業は民間企業の中で企業登録をしている比較的経営規模の大きい企業である。これら大規模企業のシェアは2010年の19.7％から15年に22.4％，そして21年には27.9％へ増加し，特に2010年代後半以降は大きく上昇した。このことは，民間セクターにおいて華為科技（ファーウェイ）や小米（シャオミ）のようなリーディングカンパニーが次第に台頭してきた事実を物語っている。

　次に，民間企業の中国の産業発展とイノベーションに占めるプレゼンスの大

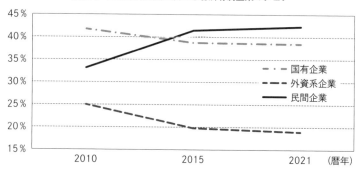

図表4　工業企業資産に占める各所有制企業のシェア

（出所）『中国統計年鑑2022』をもとに作成

きさを確認したい。中国では，技術水準の最も高いハイテク企業に「高新技術企業」というタイトルが与えられる。2023 年時点で，その 5 割は民間企業によって占められている。独自技術があり，ニッチ市場において高い市場占有率を有するモノづくり中小企業は，中国で「専精特新」企業と呼ばれる。第 4 回の全国「専精特新」企業認定で 4300 社以上が選ばれていたが，そのうちの 84％は民間企業である。さらに，中国の発明特許の 65％程度，イノベーション成果の 70％程度，新製品の 80％以上は，民間企業によって創出されていると報告されている。23 年現在，中国のハイテク製品輸出上位三品目（EV，リチウム電池，太陽光電池）の主力企業はいずれも民間企業となっている（江 2023）。

4.2　民間企業への産業支援の実態

　民間企業の成長には，中国政府の産業政策による強力な支援が欠かせない。日本の『通商白書 2022』は，中国の民間企業（通商白書 2022 では「民営企業」）2764 社，国有企業（中央）416 社，国有企業（地方）845 社，公衆企業[4] 238 社の 2011〜20 年の公開情報を用いて，中国における政府補助金の所有制別の支給状況をシステマティックに分析した。以下，その結果を紹介しながら，中国の産業政策の支援対象の実態を補助金の視点から確認しよう。

　第 1 に，売上に対する補助金額の比率でみると，民間企業は期間中，0.6％前後で安定的に推移しており，国有企業（地方）の 0.4％程度，公衆企業の 0.3％程度，国有企業（中央）の 0.2％程度と比べて最も高い（通商白書 2022，第 I-2-4-34 図）。

　第 2 に，民間企業に支給される補助金総額は 2017 年以降，国有企業（中央）と国有企業（地方）を上回り最多となった。その後，民間企業と他の所有制企業との差が一層拡大しており，20 年時点で民間企業に支給される補助金総額は 800 億元程度に達しており，国有企業（中央）と国有企業（地方）のそれぞれ 500 億元程度，公衆企業の 200 億元程度を大きく上回っている。ただ，

4　通商白書 2022 によると，「公衆企業とは，株主数が 200 名を超える株式会社」である。これらの会社は，株主が多いため，国有企業，民営企業とは異なる別の項目として集計された。なお，この定義は，百度百科から引用している。

中央と地方の国有企業の合計額の数字は依然として民間企業より大きい点にも留意していただきたい（第 I-2-4-34 図）。

　第3に，次世代情報技術，バイオ医薬・高性能医療機器，太陽光発電装置に関しては，民間企業への補助金支給額が圧倒的に多い。3つの産業とも 2011 年時点で民間企業への補助金はすでに他の所有制企業を上回っていたが，その差が拡大し続けている。20 年時点で，次世代情報技術産業の民間企業への補助金支給額は 130 億元程度，バイオ医薬・高性能医療機器は 80 億元弱，太陽光発電装置は 20 億元強となっている。新材料産業の民間企業への補助金は 20 年に 90 億元程度に達し，国有（地方）を上回り，1位になった。省エネルギー・新エネルギー車産業に関しては，民間企業はずっと国有（地方）に次ぐ2位の地位を保っていた。半導体産業の場合，民間企業は当初ややリードしていたが，17 年以降，公衆企業に抜かれ，第2位で推移している（第 I-2-4-38 図）。

　第4に，補助金は所有制に関係なく，研究開発と投資を促進していることが確認された。具体的に，通商白書 2022 では補助金の多寡と研究開発費，減価償却費（すなわち投資の状況）の支出状況の関係について検証した。補助金の売上高に対する比率を民間企業については 1％，国有企業については 0.5％という閾値で分類し，上位グループと下位グループの間で，研究開発費と減価償却費の支出に差異が認められるか平均を比べた。この閾値を使えば上位と下位グループに分割される企業数はほぼ半分になる。その結果，民間企業と国有（中央），国有（地方）のいずれの場合も，補助金をより受けている上位グループの方が，研究開発費や減価償却費の売上に占める比率も統計的に有意に高いことが判明した。通商白書 2022 が指摘しているように，このことは，補助金が民間企業と国有企業の研究開発や設備投資を促進している可能性を示唆している（第 I-2-4-39 図）。

　第5に，国有企業への補助金は赤字補填を果たしている可能性が確認されたが，民間企業についてはこの点が確認されなかった。具体的には，国有（中央）と国有（地方）とも，上位グループのほうが赤字企業の占める比率が，下位グループより高いことは，統計的に有意な差が確認された。対する民間企業の場合は，上位グループと下位グループの間で同比率に関する有意な差が確認

されなかった。通商白書 2022 は，このことは，国有企業が受け取った補助金が赤字補填に使用されている可能性を示唆していると分析している（第 I-2-4-39 図）。

　上記の政府補助金の分析に示されているように，中国では産業政策の支援対象として，民間企業は差別的な扱いを受けてきたとはいえない。実際に，中国の産業システムにおいて，国有企業と民間企業の関係は，「国進民退」という言葉が意味する代替的なものというよりもむしろ補完的である。両者の間では，一定の役割分担が形成されつつある。

　国有企業に期待されるのは，いわゆる「瞰制高地」支配，すなわち国民経済の戦略的な部門を抑える，という役割である。国有企業によってこうした部門が抑えられていればこそ，中国政府は安心して民間企業と外資系企業に経済発展を任せられる（中屋 2022）。国有企業に期待されるもう 1 つの重要な役割は，技術のブレークスルーを迎えるまで長い期間を要する分野での研究開発である。これらの分野では，巨額の資金がかかるうえ，失敗のリスクが高く，民間企業は参入をためらいやすい。したがって，国有企業にはいわゆる「オリジナル技術の震源地」としての機能が強く期待されているのである（丁 2023）。

　その一方で，民間企業は所有制の性格上，企業家精神が旺盛で，起業とイノベーションに適している。したがって，中国政府は，新産業創出や新興産業におけるイノベーションの実施に関して，民間企業の役割を大いに期待している。前述した補助金の支給で民間企業に傾斜している分野のほとんどはこうした新興産業である。現に，民間企業による起業とイノベーションを盛り上げてもらうために，中国政府は 2015 年に「大衆創業，万衆創新」という産業政策も打ち出した。

4.3　外資系企業と産業支援

　最後に，外資系企業は中国の産業政策により差別的な扱いを受けたかどうかについて確認したい。このことについては，中国米国商会が毎年，発表している『中国商業環境調査報告』の結果が参考になる。図表 5 の通り，中国の投資環境において不公平な扱いを受けていると回答した企業の割合は，調査が始まった 2016 年時点で最も高く，55％ にも達していた。しかし，その後，はっ

図表5 中国米国商会のアンケートにみる外資への扱いの公平性

	地場企業と比較した場合に，御社が属する業界の外資への扱いをどう思うのか			イノベーション活動への投資を阻害する要因
	優遇されている	同等の扱いを受けている	不公平な扱いを受けている	自主創新政策による外資系企業への差別
2016年	5	40	55	20
2017	9	45	46	16
2018	8	48	44	16
2019	11	52	37	13
2020	7	59	34	7
2021	7	60	33	13
2022	7	55	38	上位5要因に入らず

（出所）中国美国商会『中国商業環境調査報告』各年版に基づき筆者作成

きりとした減少傾向を見せ続けていた。このように，外資系企業が不公平な扱いを受けていたのは事実であるが，状況は改善されてきているといえる。なお，優遇されていると回答した企業の割合は数字が低いものの，一定の規模で存在している。これは，一部の外資系ハイテク企業が産業政策の支援対象だったことを示唆している。

　産業政策の影響に焦点を絞った「自主創新政策による外資系企業への差別」という設問もあるが，これを「イノベーション活動への投資を阻害する要因」として挙げた企業の割合は，全体状況と比べてかなり低く，20％以下の水準で推移していた。直近の2022年では，上位の5要因にも入らなかった。このことは，外資系企業が例え差別的な扱いを受けたにしても，こうした扱いは，イノベーション活動を阻害する要因としてあまり働いていなかったことを示している。

5．産業政策の手段

　中国の産業政策の政策手段については，政府補助金に注目が集まりがちである。しかし，実際の産業政策は，調整機能や知識伝達機能，斡旋機能などを伴う，複雑な政策体系として構築されている。政府補助金は，産業政策の多様な手段の1つではあるが，それだけで中国の産業高度化を説明することは難し

図表6　中国における製造業の DX に関する産業政策一覧

時期	担当省庁	政策名
2015 年 5 月	国務院	「中国製造 2025」で初めて工業化と情報化の融合を国家戦略として提示
2015 年 7 月	国務院	「インターネット＋」の積極的な推進に関する指導意見
2016 年 12 月	工業情報化省 財政省	スマート製造発展計画 2016〜2020
2017 年 11 月	国務院	「インターネット＋先進製造業」の深化と IIoT の発展に関する指導意見
2018 年 5 月	工業情報化省	IIoT 発展アクションプラン（2018〜2020）
2020 年 12 月	工業情報化省	IIoT 創新発展アクションプラン（2021〜2023）

（出所）各種資料をもとに筆者作成

い。ここでは，最新の産業用モノのインターネット（Industrial IoT：IIoT）に対する産業政策の事例を通じて，中国における産業政策の多様な手段の実態を検討しておこう。

　図表6の通り，IIoT 産業政策は，中国政府による製造業のデジタルトランスフォーメーション（DX）を推進する産業政策の重要な一環である。2017 年11 月の「『インターネット＋先進製造業』の深化と IIoT の発展に関する指導意見」の発表を受けて，IIoT 産業政策は本格的に発足した[5]。

　IIoT 産業政策の制定にあたって，まず戦略諮問専門家委員会という組織が創設された。第 1 回委員会のメンバー構成について確認すると，全 42 名の委員のうち，中国科学院と中国工程院の院士（中国理工系研究者の最高峰）や各大学，研究機関の学長，副学長クラスの研究者は 29 名，関係省庁の官僚は 4名，国有企業の役員は 4 名，民間企業の役員は 3 名，業界団体の会長クラスの委員は 2 名（ほか 1 人は半導体製造の中芯国際集成電路製造（SMIC）に所属のため民間企業にカウント），という構成になっている。

　この委員会がどのように運営されているのか，一層確認する必要があるが，経済産業省の産業構造審議会のように，比較的独立した立場にある学界の専門家を中心に，産官学のトップレベルの有識者を一堂に集めることによって，業

5　以下，IIoT 産業政策に関する情報は，特に断らない限り，工業情報化省が発表した各種公開資料から引用している。

界情報の共有を行うとともに，各界の利害調整を行う機能を果たしていること
が考えられる。

　IIoT 産業の効率的な育成を図るために，工業情報化省は「広東香港マカオ
大湾区」「成都重慶地区」，山東省という 3 地域を IIoT のモデル地域に指定し
た。さらに，全国において IIoT 産業のモデル（試点示範）プロジェクトが
2017 年に 70 プロジェクト，19 年に 81 プロジェクト，20 年に 105 プロジェク
ト，21 年に 123 プロジェクト，そして 22 年には 218 プロジェクトがそれぞれ
指定された。これらの地域やプロジェクトで蓄積された IIoT 産業の発展に関
する知識やノウハウは，後に全国で共有されることになる。

　政府は，IIoT に関連する先端技術の運用場面と応用するべき産業について
も提案を行う。例えば，工業情報化省は 2021 年 5 月と 11 月に第 1 回と第 2 回
「5G+IIoT の典型運用場面と重点業界実践」を発表した。第 2 回の詳細につい
てみると，5G 通信技術を活用した IIoT 技術の重要な運用場面として，5G と
AR/VR を組み合わせた運用など，10 の運用場面が推奨されている。各場面に
ついては，具体的な運用状況が記述されているだけでなく，当該の運用場面を
実現するために必要な技術能力やインフラといった「基礎条件」も記されてい
る。つまり，政府が企業側に新技術の採用を強制するのではなく，各社が自身
の条件に見合った技術の採用を推奨している，ということである。

　また，5G 通信技術と結合した IIoT 技術を応用する重点産業としては，石油
化学，建築材料，港湾，繊維，家電という 5 つの産業が指定されている。各産
業については，モデルプロジェクト等で先行した企業による運用事例が具体的
に紹介されている。このことは，政府が新技術に対する提案を行うにあたっ
て，全国の先行する企業や産業の事例を大いに参考していることを示唆してい
る。

　最後に，金融面での支援について検討しておこう。IIoT 産業でも政府補助
金は支給されているが，補助金そのものよりも政府による資金調達の斡旋機能
がより重要な役割を果たしている。具体的にみると，2020 年まで，中央政府
より 101 のプロジェクトへ 8 億 1200 万元の資金が支給されたが，このことに
よって 84 億元の新規投資が喚起されたと報告されている[6]。そのほとんどは，
地方政府の引導基金からの出資，ひいては民間投資であると考えられる。工業

信情報化省は，民間セクターからの投資を喚起するために，19年より毎年，中国IIoTコンテストを開催し，ベンチャーキャピタルとIIoT関連のスタートアップのマッチングを行っている。なお，産業政策の一環としてIIoT企業は株式市場での上場も優先されている。2021年時点でIIoT産業では209社が中国のA株市場，うち71社は中国版ナスダックである科創板で上場していた[7]。

6．おわりに

　以上，①産業政策の制定，執行主体②産業政策の支援対象③産業政策の政策手段——という3つの側面から，中国における産業政策の全体像を示してみた。本章の分析から導かれる結論は，以下の3点である。

　第1に，中国における産業政策の制定，執行主体は，重層的な構造を形成している。中央省庁は，政策の大枠を決定し，省庁間や産官学の利害調整を行う。その一方で，具体的な産業育成策の制定や実施，補助金支給および政府引導基金の創設等に関しては，地方政府が主導的な役割を果たしている。産業高度化が進むにつれ，イノベーション活動の重要性が高まってきているが，地域イノベーションエコシステムの構築も主に地方政府の主導により進められている。注意すべきであるのは，地方政府の間で，産業育成と企業誘致をめぐって，激しい競争が展開されている。このことは，地域の投資環境やエコシステムの進化をもたらすとともに，半導体産業の事例にみられるように，異様なほどの活発な投資活動を誘発している。中国における過剰生産能力の形成や地方債務問題の深刻化は，このような地域間競争の視点から理解することが重要である。

　第2に，中国における産業政策の支援対象については，通商白書2022の分析が示しているように，補助金に限定して言うと民間企業を差別的に扱うことはなかった。産業セクターによっては，民間企業を中心に補助金が支給される

　6　「中国工業互聯網発展的政策，路経及推進—専訪工業和信息化部信息技術発展司副司長王建偉」（https://jxt.zj.gov.cn/art/2021/5/11/art_1657982_58926572.html，2024年1月6日アクセス）。

　7　「中国工業互聯網A股上市企業超過200家」（https://www.chinanews.com.cn/cj/2022/07-13/9802707.shtml，2024年1月6日アクセス）。

分野も少なくなかった。また，民間企業と国有企業を問わず，補助金の支給は研究開発と投資活動の促進に役立った。

通商白書 2022 の指摘の通り，国有企業が受け取った補助金の一部は赤字の補填に使用された可能性があったが，民間企業についてはこのような事実が確認されなかった。つまり，補助金による赤字国有企業の温存という批判は一部，該当するものの，民間企業が補助金の主たる受領者という事実も考慮すると，補助金の支給が赤字企業を量産し，過剰生産能力の形成を助長してしまう，とする批判は，現実からややかけ離れていると指摘しなければならない。

このような補助金の支給状況の背景には，中国の産業システムにおける民間企業と国有企業の分業関係が考えられる。戦略的部門を支配する国有セクターと，新産業創出や起業とイノベーションをけん引する民間セクター，両者とも中国の産業発展にとっては必要不可欠な存在である。

第 3 に，中国の産業政策は，調整機能や知識伝達機能，斡旋機能等を伴う複雑な政策体系である。政策目標を達成するために，補助金のみならず，多様な政策手段が活用されている。IIoT 産業政策の事例が示唆するように，この体系においては，通常，戦略諮問委員会のような産官学間の利害調整を行う組織が設立されている。また，産業育成の効率化を図るために，モデル地域やモデルプロジェクトが指定されている。これらの地域やプロジェクトで蓄積した知識や経験は，担当省庁を通じて全国へ共有されていく。資金支援に関して，中国政府は補助金の支給よりも，資金調達を斡旋するうえでより重要な役割を果たしている。政府は，ピッチコンテストの開催によりスタートアップとベンチャーキャピタルのマッチングを斡旋したり，株式市場での上場を優先したりする形で，関連する企業への資金支援を行っている。

参考文献
（日本語）
経済産業省（2022）『通商白書 2022』
丁可（2023）「米中ハイテク摩擦と中国における産業政策の変容―自主創新から新型挙国体制へ―」丁可編『米中経済対立　国際分業体制の再編と東アジアの対応』アジア経済研究所
中屋信彦（2022）『中国国有企業の政治経済学』名古屋大学出版会
（中国語）
国家統計局（2022）『中国統計年鑑 2022』中国統計出版社

江小涓（2023）「民営経済是推動我国全面建成社会主義現代化強国，実現第二個百年奮闘目標的重要
　　力量―発展民営経済需要各方共同努力」北京日報，8月7日

投中研究院（2023）『2022年政府引導基金専題研究報告』（https://pic.chinaventure.com.cn/report
　　Files/7019196504342528.pdf，2023年1月6日アクセス）

中国美国商会（各年版）『中国商業環境調査報告』

（英語）

Baldwin, Richard E., Rebecca Freeman, and Angelos Theodorakopoulos（2023），"Hidden exposure:
　　Measuring US supply chain reliance," Brookings Papers on Economic Activity.

Naughton, Barry（2021），The Rise of China's Industrial Policy, 1978 to 2020, Universidad Nacional
　　Autónomica de México, Facultad de Economía.

第2章

躍進する中国の自動車産業
——EV軸に世界をリードできるか

大阪産業大学経済学部 教授

李 　澤建

●ポイント

- ▶自動車業界では中国シフトにより世界電動化競争が加速している。過去十数年間，世界の電気自動車（BEVとPHEV）の保有台数は著しく増加し，2022年にそれぞれ2038万台と794万台に達した。中国市場はBEVとPHEVの両方で急速なシェア増加を達成し電動化競争でのリーダーシップを確立している。

- ▶世界はまだ電動化の技術イノベーションの議論をしているが，中国は旧来の「要素投入型」の成長方式から脱却し，「循環型経済」を確立させる牽引役に据えるための電動化後の発展モデルを意識し始めた。

- ▶電動化競争の焦点は技術革新から製品アーキテクチャを定義する主導権の争いへ移行している。国の発展戦略のグランドデザインの一部を担う存在として，中国での電動化競争の内実は世界市場での他国の挑戦と異なる一面を有しはじめた。

●注目データ ☞世界の電気自動車（BEV・PHEV）の保有台数と地域構成（右軸）

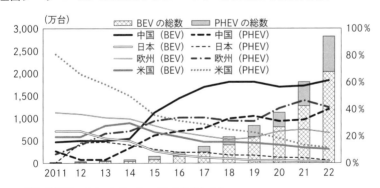

（注）乗用車，バス，トラック，バンを対象とする
（出所）International Energy Agency Global EV Outlook 2023 より筆者作成

1．躍進する中国の自動車産業と
　民族系自動車メーカーの特質的な成長戦略

　中国の自動車市場は 2009 年以降急激に拡大しており，その背景には経済成長と共に増大する自動車需要がある。乗用車の販売台数は，23 年まで総じて増加傾向にあり，一方で商用車の販売は一部の年度で変動が見られるものの，04 年以来全体的には安定しており，22 年には前年の 480 万台に比べ，記録的に 330 万台に減少した。

　国別の自動車メーカーの市場シェアの変動はこれまでおおむね安定的なすみわけ構造を保ってきたが，2020 年代に入ると，急激な電動車競争の激化により，中国の自動車市場が大きな構造変化の節目に直面している。

　中国の自動車市場の動きを概括すると，第 1 には 2000 年代に日米などの主要世界自動車メーカーが中国市場に出そろい，1990 年代から続いたドイツ系の一強体制が打破され，外資系の間では，激しいシェア争いが勃発した。一方，参入して間もない中国民族系各社が，外資系が対象としない 10 万元（約 200 万円）以下の廉価国民車市場に注力し，足場を固めてきた。とりわけ 09 年に中国政府が導入した「汽車下郷（農村部での自動車普及後押し）」政策が，中国民族系の市場シェアを大きく向上させ，同時に，廉価国民車市場への外資系メーカーの参入を本格的に誘発した。

　第 2 に，2010 年代では国民所得の改善と相まって，廉価国民車の需要が減少し始め，外資車種の浸透との相互作用で，乗用車市場における中国民族系の市場シェアが連年減少した。そこで，一連の試行錯誤の末，状況打開を図る中国民族系が辿り着いたのは「大気（中国語＝堂々として風格があるの意味）」という独特な中国の美的センスを実現した意匠デザインおよび小型乗用車より一回り大きくした二輪駆動の「City SUV」という 2 つの差別化戦略である。

　「大気」という表現は，中国の伝統的な美的価値観に基づいており，特にデザインの文脈ではその意味合いが重要である。具体的には，「大気」が持つ意味は，悠々としており，大胆でゆったりとした気持ちや雰囲気を表現する際によく用いられる。デザインの文脈においては，デザインが持つ独自の要素や

写真1　City SUV の代表車「長安 CS35」

（出所）長安汽車 HP より

感覚を表現する上で，中国文化に対する理解の独自性と深みを付加する魅力的な表現が求められている。興味深いことに，日本のわびさびの対訳に類似しており，この表現には中国語以外では完全に対応する言葉が存在しないため，外資系メーカーのデザインではその神髄をうまく捉えられないことがしばしばある。

　他方，長城汽車は長年農村部向けのピックアップトラック製品に力を入れていたが，既存顧客の嗜好向上に合わせてピックアップトラック製品をベースにした多目的スポーツ車（SUV）風の新モデルを投入すると，これが大ヒットした。

　この成功を受けて，中国民族系各社も自社の小型乗用車モデルをベースにし，四駆性能を重視する本格的な SUV ではなく，主に都市部での走行を想定した二輪駆動の City SUV と銘打った商品を相次いで市場に導入した。こうした差別化戦略が奏功し，中国民族系の市場シェアが再び向上しはじめた。

　第3に，2010年代までの中国民族系メーカーの成長戦略を概観すると，外資系企業との乗用車市場での直接的な競争を一貫して回避してきた点が目を引く。10年代後半，新たな差別化戦略の寄与が次第に薄まり，市場シェアが再び減少傾向に転じた事態を耐えた中国民族系各社が一斉に電動化戦略の推進へ舵を切った。中国市場の変化のスピードに付いていけない，下位外資系メーカーのシェアが次第に減少し続けているが，ガソリン車での優位を強化することで，日独の自動車メーカーの市場シェアが却って増大し続けていた。

図表1 中国の乗用車市場の総販売台数と国別シェア（右軸）

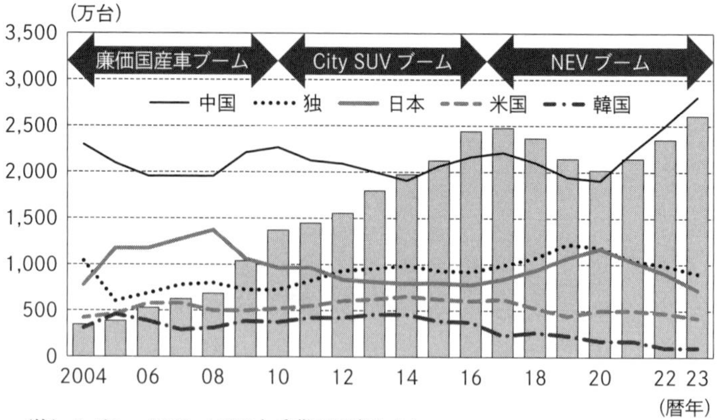

（注）セダン，SUV，MPVと乗貨両用車を含む
（出所）CATARCより筆者作成

　しかし，2020年代に入ると，電動化競争が急速に激化し，23年通年の中国市場ではNEV（New Energy Vehicle＝新エネルギー車の略で，モーターのみで走行するバッテリー電気自動車＝BEV，プラグインハイブリッド車＝PHEV，燃料電池車＝FCVなどが含まれる）の販売台数が史上最高の948万1176台に達し，うち中国民族系が82.45％を占めた。NEVの導入が拡大する中，中国民族系が市場シェアを持続的に伸ばしており，23年には初めて50％を突破し56.20％に達した。中国民族系の急成長と対照的に，外資系各社が軒並みシェア減少にあえいでおり，これまで20年間続いた安定構造が崩れはじめた（図表1）。

2．中国シフトで加速する世界電動化競争

2.1　世界電気自動車普及における中国の台頭

　電動車市場は世界的に成長している。図表2は，世界自動車市場のBEVとPHEVの保有台数，および各地域のシェアを示している。国際エネルギー機関（IEA）の統計によると，全世界のBEV保有台数は2011年がわずか7万1255台だったのが，22年には2038万台にまで急増した。同様に，PHEV保有台数も11年の9902台から22年には794万台に達したが，BEVの保有台数

に比べて増加率は低いという特徴を持つ。

　各地域の変化では，中国がこの成長の主役となっている。PHEV において，2011 年には米国が全体の大半を占めていが，22 年にはそのシェアは大きく減少し，成長が鈍化している。2022 年の米国の BEV 保有台数は 210 万台に達し，PHEV 保有台数の 86 万台より大きな増加を見せたが，PHEV ほどではなくとも世界全体の EV 保有台数に占める米国の BEV シェアは減少しており，これは電動車市場全体の中での米国の地位の低下を反映している。

　同様に BEV と PHEV のいずれにおいても日本のシェアは減少している。過去 20 数年では日本のグローバルの自動車生産台数が一貫して世界全体の 3 割程度を維持し，首位の座を守っているが，電動化シフトで優位喪失が懸念される。欧州では，全体で BEV が受け入れられ，電動化をけん引した時期を経て，環境への配慮や短距離走行向けのモデルの普及につれ，PHEV シェアが増え，主体となっている。総じて，EV 保有台数が安定的に増加している。

　それに対して，中国市場は電動車の成長において世界をリードしている。中国は BEV と PHEV のいずれにおいても急速なシェアの増加を達成しており，BEV が一貫して主要な牽引役を果たしている。これは中国政府の電動車推進政策や中国民族系メーカーの成長に起因している。

図表 2　世界の電気自動車（BEV・PHEV）の保有台数と地域構成（右軸）

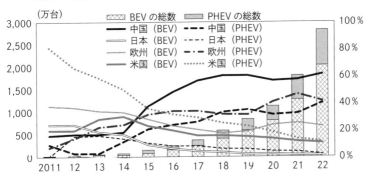

（注）乗用車，バス，トラック，バンを対象とする
（出所）International Energy Agency Global EV Outlook 2023 より筆者作成

2.2　中国リーダーシップの内実～今回の電動化はこれまでとどう違うか

　電動化は一体どのようなものなのか。バッテリー駆動で走行するという最も
シンプルな認識なら，車両に対する最低限度の改造で電動化は容易に実現でき
る。他方，こうしたガソリン車の改造を中心とした電動化は我々が自動車産業
の黎明期およびオイルショックの時にすでに2度経験した。いずれも長期的に
継続できず，本質的な発展動因が欠いていたと悟っているはずである。

　自動車の所有と使用は従来では想像も付かない新しいライフサイクルにな
り，電動化を斬新なプロダクトアーキテクチャを生み出すビッグバンと捉えな
おせば，車とヒト，そして社会インフラとの間に，電動化に関して，技術革新
に収まり切れないほどの新課題が続出する。その波及は自動車産業が単独でや
り遂げる範疇をはるかに超えるものとなる。

　かつての自動車の社会的普及（モータリゼーション）と同様なインパクトを
持つならば，電動化は既存する社会規範，技術基準，ビジネスモデル等の全方
位に行き渡るソーシャル・イノベーションを引き起こす起爆剤となりうる。
こうなれば，電動化という社会変革が進展するに連れて，企業だけではなく政
府と消費者が担うべき役割も大きく変わっていく。そのため，「ヒト・社会・
車」というトライアングル関係は世界規模の電動化競争の初期条件となり，ナ
ショナル・イノベーション・システムによるパフォーマンス競争の行方を左右
する。

　自動車産業の歴史において，ナショナル・イノベーション・システムによる
パフォーマンス競争はすでに「ポストガソリンエンジン」の開発で始まった。
電動化競争はその転換点と言える。20世紀後半以降，世界的モータリゼーショ
ンの到来と共に，自動車を取り巻く環境問題に対する社会的関心が高まる一方
である。1970年に米国で成立した厳しい環境規制のマスキー法が象徴するよ
うに，大気汚染への対応が次第に自動車メーカーの責務となった。ただ，日米
欧の対応が棲み分け的な進化を見せた。日本勢は最終的にハイブリッド（HV）
路線にたどり着いたが，欧州勢はディーゼルエンジン技術の普及をもって進化
し続けた。他方，米国メーカーはエンジンのダウンサイジング（排気量と気筒
数の削減）をメインストリームに，気筒休止システムやトランスミッションの
多段化などの対応でガソリンエンジンの潜在的可能性を引き出し続けた。

　ところが，21世紀に入り，環境問題の主眼は徐々に大気汚染から気候変動へ変わりゆき，既存の進化方向に陰りが生じ始めたのである。2015年に発覚した独フォルクスワーゲン（VW）のディーゼル不正問題は欧州勢が長年に主張してきた「グリーンディーゼル神話」の破綻を告げた。このため，気候変動抑制への世界的取組みの急先鋒だった欧州ではEVが急速に普及したのである。

　電動化は欧州にとって持続的経済成長につながる方向転換と言うなら，中国にとっては国運を賭けた乾坤一擲の勝負である。1980年から2010年までの改革開放期において，中国の国内総生産（GDP）の年平均成長率は9.16％に達するという急成長を経験したが，2010年代後半では次第に鈍り始めた。高度成長期では労働生産性の成長の約83％は第一次要素の成長，特に物的資本の投下増加に寄与されており，一般的に技術進歩やイノベーションなどとして捉える全要素生産性の改善はたったの17％に過ぎなかった（伍 2018）。

　2011年から13年までわずか3年間の中国のセメント消費量は66億トンに達し，20世紀に米国が100年間で使用した45億トンをはるかに超えた。また，鉄鋼産業の生産過程に消費した水の量は05年から13年まで8年間で日本の琵琶湖550個分に相当する規模であった。さらに，2000年代後半から人手不足問題と賃金向上などが次第に表面化したため，21世紀に入り中国経済がついに「要素投入型」成長の限界を迎えたのである。そこに環境問題に対する不満は社会不安の火種にもなった。

　成長の鈍る中国経済にとって，限界を迎えた「要素投入型」成長方式から脱却し，技術進歩やイノベーションがけん引する「循環経済」を確立させるためには，重要な基幹産業としての自動車産業において，高い創意工夫の能力を有する企業群が必要となった。しかし，こうした国運を外資系企業に託すことは期待できない。自国のフロンティア企業群を育成して，中長期的には産業の自立化を促せるよう，イノベーション成長経路を確立することが避けて通れない。そこで，経済全体の低炭素化を導く電動化は絶好的な転機となった。これこそ，気候変動抑制への取組みに対して，従来発展途上国の権益を守るスタンスで消極的な態度を取り続ける中国が一転して，2020年に「2060年にカーボン・ニュートラル」を宣言した所以である。他方，こうした電動化を加速させる深層的動因は日米にはいまだはっきりと見出せていないため，図表2で示し

た変化は持続成長に対する危機感の表れである。それ故にこれまでの短命的電動化トライと異なり，中国の出現により，時下の第 3 次電動化ブームに継続要因が内包されるようになった。

3．EV 軸に世界をリードする要件
〜 Electrical/Electronic アーキテクチャ主導権の掌握

3.1　電動化競争の焦点

　電動化競争の焦点は技術革新から Electrical/Electronic アーキテクチャ（以下「E/E アーキテクチャ」と略す）を定義する主導権の争いへ移行している。これまでの自動車産業では，エンジンの研究開発および生産を自動車メーカーが担う態勢が定着している。エンジンの出力を効率よく車体の隅々まで配分していく必要があるため，車体構造および部品仕様に対する自動車メーカーの発言権が次第に強化されてきた。その結果，自動車のアーキテクチャに集中型動力源と分散型電機・電子制御という基本骨格が結成された。

　しかし，電動化競争の激化は真っ先に旧来の「エンジン覇権」を解体させた。モーターの最適配置により，動力源は分散型になり，車体全体の電機・電子制御もその変化を受け，次第に集中型へ進化しつつある。したがって，車体の基本骨格において，電動化競争は，最適配分の対象を駆動力から計算処理力に変えた。そのため，部品ごとに，最適化された組み込みソフトウェアとハードウェアからなるインテグラル設計の出番が次第になくなり，代わりに求められたのは，ソフトウェア設計とハードウェア設計の脱結合・非干渉化であり，並びに車体全体の最適のインターフェース定義と計算処理力分配のアルゴリズムである。

　こうした要求を満たすためには，電動化競争は「エンジン覇権」から「ソフトウェア・インターフェース（E/E アーキテクチャ）覇権」へのレジームシフトを促しており，その破壊力は企業範疇を超え，自動車産業を他産業の発展を支えるプラットフォーム，ないし巨大テック企業群の GAFA のような社会インフラ的な存在に昇華させていく。そのカギを握るのはソフトウェア設計とハードウェア設計の脱結合・非干渉化によって創出された製品アーキテクチャ

の革新的包容性である。

　ソフトウェア・ディファインド・ビークルをめぐる部品設計と機能設計の革新的な融合（E/E アーキテクチャの設計）に対する定義能力の構築は電動化競争における競争優位の源となる。これこそ電動化車両の社会的普及は既存する社会規範，技術基準，ビジネスモデル等の全方位に行き渡るソーシャルイノベーションを引き起こす起爆剤となる所以である。

　知的財産データベースを運営するアスタミューゼの分析によれば，2010 ～ 19 年の 10 年間に全世界で出願された水素をめぐる特許では，トータルパテントアセットによる評価では，首位の日本は 2 位の中国に 2 倍，3，4 位の米国と韓国の約 3 倍，5 位のドイツの 6 倍強の強さを示している。一方，中国の新華社によれば，2021 年時点の世界のスマートコックピット特許出願数は中国が 8 万 2300 件で全体の 42.6 ％を占める。電動化競争に際して，基幹技術の革新に注力する日本に対して，車載電子分野の革新的包容性＝異分野融合を通じて，製品アーキテクチャの定義能力のもつ優位性で対決する中国の姿勢は興味深い。

3.2　E/E アーキテクチャ・イノベーション牽引とは

　電気自動車の波が押し寄せる前，内燃機関車の E/E アーキテクチャの設計において，ほとんどのコントローラーはまだ OS を導入しておらず，シンプルなアルゴリズムで問題を解決していた。しかし，車載 ECU（電子制御ユニット）の採用数の増加に連れ，制御，通信，センシング機能などからなる組み込みシステムが重要な要素となり，これらの機能を管理するための自動車用組み込みソフトウェアがますます複雑になっている。2003 年に，車載ソフトウェア開発における相互運用性，再利用性，拡張性を向上させ，開発プロセスの合理化を促進するため，自動車業界における標準化されたソフトウェアアーキテクチャを定義する車載ソフトウェアの標準仕様 AUTOSAR（Automotive Open System Architecture）プロジェクトが発足された。2008 年頃から広く採用され，世界中の多くの自動車メーカー，サプライヤー，ツールベンダーなどから支持を受けている。こうした変化が 2010 年代に中国シフトで加速する世界自動車産業の EV 転換の素地を作り出している。

　世界自動車産業の電動化競争がE/Eアーキテクチャ・イノベーションの推進で転換点に差し掛かっている。2010年代に入り，競争の激化に連れてスマートコクピット，自動運転技術などユーザーエクスペリエンスを向上させる各種の車載ソフトウェアの開発需要が高まり，ソフトウェアが車の機能や特徴を決めるSDV（ソフトウェア定義車両）が電動化競争の焦点となっている。ICT（情報通信技術）業界からすでに確立された収穫逓増型のビジネスモデル（資本投下に対する収益性の急速な増加）の経験を電動車競争の新たな進化に引き継ぐような，ICT企業などとの異能チーム・異分野の融合が多岐にわたり検討されている。特に中国では，チップや周辺機器のドライバー，診断，通信などが含まれる一連の支援ソフトウェアを，ユーザーアプリケーション機能とは関係なく，自動車システムのサービスを提供できるように，車両アーキテクチャ設計におけるソフトウェアとハードウェアを切り離し，ドメインコントローラー，中央計算ユニット，SOC（システム・オン・チップ）などの新しい技術の可能性を最大限に引き出す車載ソフトウェアの開発がより重要となってきた。同時期にAUTOSAR標準が業界でますます受け入れられているため，中国での異能チーム・異分野の融合が多様化しており，車載ソフトウェアの開発競争も多方面で行われている。

　2010年以来，中国系メーカーのEV開発の主たる競争が，図表3に示したように車両のE/Eアーキテクチャにおけるソフトウェアとハードウェアのデカップリングおよびその開発サイクルの仕分けと再融合を軸に進められており，Vehicle OS（VOS）開発が新たな突破口になった。

図表3　電動車は車載OSを軸に開発されるようになった（概念図）

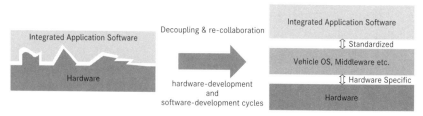

（出所）筆者作成

3.3　E/E アーキテクチャ・イノベーション牽引の達成要件〜 VOS 開発競争

　電動化に相応しい車両の核心は，スマートな VOS の開発である。VOS は一般的にタスク管理，プロセスアクセス，割り込み処理，メモリ管理，ファイルシステムなどの機能を提供し，リアルタイム性やセキュリティなどの要件を満たすものとされている。簡単に言えば，VOS の根幹を成す基本ソフトウェアにはボードレベルのチップドライバー，車載オペレーティングシステム，ハイパーバイザー，およびミドルウェアが含まれる。

　電動化対応では，新需要が大量に出現しており，ますます複雑になるにつれて，大規模で複雑なシステムを分解し，モジュール化，抽象化，階層化するために，完全で合理的なソフトウェア開発の新方法と新しいソフトウェア開発アーキテクチャが必要となる。いわゆる，標準化されたインターフェースを介して多種多様なソフトウェアコンポーネントを再利用可能にするサービス指向アーキテクチャ（SOA：Service-Oriented Architecture）の出番になる。

　SOA は ICT 業界で比較的成熟したソリューションがすでに多数確立されており，機能安全性を確保しながら，複雑なソフトウェアエンジニアリングのアジリティ（俊敏性）と開発効率を向上させるために，ICT と自動車産業がソフトウェア開発の面で統合することが求められている。よって，VOS 開発競争の核心は，E/E アーキテクチャ・イノベーションとそれに基づく SOA 開発手法の確立である。

　VOS の開発は一般的に次の 4 つのタイプに分類される。第 1 の基本型では，車両のハードウェア，基本ドライバー，仮想マシン，システムカーネルなどあらゆる側面での変更と構築が含まれる。主に QNX，Linux，Android が代表となるが，中国では，後述する国汽智控（北京）科技（AICC：Automotive Intelligence and Control of China Co., Ltd.）の取組みはこの範疇に入る。第 2 のカスタム型では，基本型 VOS をベースに（OEM および Tier 1 サプライヤーと共同で）深くカスタマイズされた，システムカーネル，ハードウェアドライバーの開発を通じて，最終的にはコックピットシステムプラットフォームや自動運転システムプラットフォームを実現するためのものになる。後述する華為科技（ファーウェイ）の取組みはこの範疇に入る。

　第 3 の ROM 型では，カスタマイズされた開発は Android または Linux を

ベースにしており，システムカーネルの変更はなく，自社のアプリケーションフレームワークをベースにした再開発が主体となる。比亜迪（BYD）を含む中国内外の数多くの伝統的な自動車メーカーの電動化対応がこの範疇に入る。最後に，アプリケーション型で，いわゆる電話マッピングシステムとも呼ばれるもので，使用者のニーズを満たすために，地図，音楽，音声，ソーシャルなど機能を統合したアプリケーション開発になる。

4．EV軸に中国が世界をリードする課題
～E/Eアーキテクチャ・イノベーションに相応しい新しいバリューチェーンの構築

4.1 E/Eアーキテクチャ・イノベーションの基盤整備

　AICC[1]の取組みを通じて，E/Eアーキテクチャ・イノベーションの基盤整備における中国政府の決意および産業全般におけるVOS開発競争の到達点を観察できる。

　AICCはCASEに関連する自動運転コンピューティングプラットフォームプロバイダーである。2020年7月31日に，中国国家智能網聯汽車創新中心（CICV：National Innovation Center of Intelligent and Connected Vehicles）が主導し，各界の有力な企業，機関投資家，政府基金などが共同で設立した。なお，CICVは2018年3月19日に中国自動車工程学会（China SAE），中国自動車工業協会（CAAM），中国智能網聯汽車創新連盟（CAICV：China Industry Innovation Alliance for the Intelligent and Connected Vehicles）が共同で設立し研究センターである。

　また，CAICVは中国でICV（Intelligent and Connected Vehicles）産業の発展を促進するため，工業情報化省の指導の下，中国自動車工程学会と中国自動車工業協会が2017年6月12日に設立した業界組織である。企業，大学，研究機関，業界団体によって形成され，自動車，交通，通信などの産業からの500を超えるメンバーで構成されている。政策および戦略の研究，主要な汎用技術の研究開発，標準および規制，実験，産業化促進，学術交流および国際協

1　尚（2022）。

図表 4　AICC の ICVOS の概念図

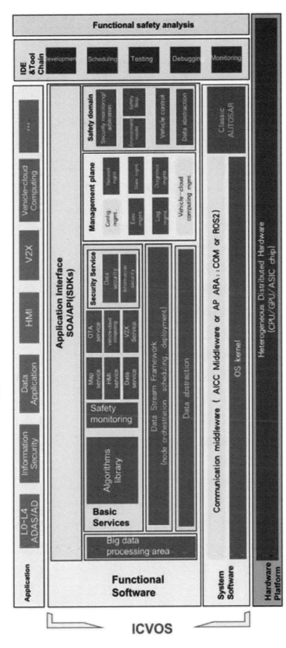

（出所）注 1 参照

力，人材育成などに焦点を当てており，中国の ICV 産業の発展を促進する重
要なプラットフォームとなっている。

　2021 年 2 月，AICC は「Intelligent Vehicle Basic Brain (iVBB) 1.0」とい
う Product Family をリリースした。iVBB1.0 には，インテリジェント・コネ
クテッド・ビークル・オペレーション・システム (ICVOS)，インテリジェン
ト・ビークル・ドメイン・ハードウェア (ICVHW)，およびインテリジェン
ト・コネクテッド・ビークル・エッジ・クラウド・ベーシック・ソフトウェア
(ICVEC) が含まれており，迅速なアプリケーション開発，プラットフォーム
化，接続性，拡張性，および自動車規制への適合性が特徴として挙げられる。
SDA 理念と SOA 志向のアプリケーション開発に基づき，操作システムとア
プリケーションソフトウェア，ハードウェアプラットフォームの二重デカップ
リングを実現している。ICVOS は，OEM が効率的で差別化されたスマート
ドライブアプリを開発するためのサポートを提供している（図表 4 参照）。

　中国政府の主導下，業界を跨ぐコンソーシアムが生み出した AICC の諸取
り組みによって，中国では，全系統の自律型および市場主流のチップ，ハード
ウェアプラットフォーム，および車両プラットフォームとの下位互換性を確保
し，スマートフォンアプリ開発に似た「ハードウェア」－「オペレーティング
システム」－「アプリケーション開発」の新しいヒエラルキーが顕在化しつつ
ある。

4.2　モノづくり優位に基づく先発優位の創出

　電動化競争は既存のモノづくり能力にきわめて依存しているというインプリ
ケーションが，BYD の取組みから我々は得られる。BYD は自動車メーカーも
しくはバッテリーメーカーとしてよく注目されるが，図表 5 に示した通り，傘
下の BYD 電子が 2022 年世界電子機器の受託製造サービス (EMS) ランキン
グにおいて，6 位にランクインしており，中国国内では最大を誇る。BYD の
モノづくり能力は世界の工場になった中国の集大成といっても過言ではない。

　BYD 電子は，300 人の一流のソフトウェア開発チームを有し，成熟した完
全なソフトウェアプロジェクト管理プロセスと Android システムの開発に数
年にわたる経験を持ち，多くの EMS プロジェクト受注とデリバリーに成功し

図表 5　BYD の事業構造

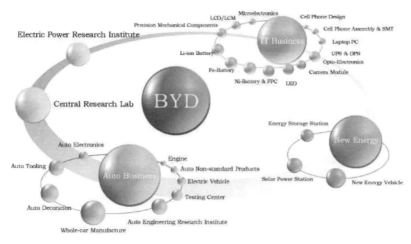

（出所）BYD

ている。とりわけ，組み込みシステム，携帯電話，タブレット，車両の高度運
転支援システム（ADAS），車載情報マルチメディアシステム，車載 TBox,
生産ラインの自動化，および人工知能の分野で幅広いソフトウェアシステム開
発の経験を持っているため，クラウド，インターネットに接続できるモバイル
エンドポイントデバイス，および両者を結ぶスマートパイプラインに纏わる
IoT（Internet of Things）/Connected Car のフルスタックソフトウェアシステ
ムの開発能力を備えている。換言すれば，BYD の持つ，専門的なソフトウェ
アシステム開発能力こそ，EV ビジネスに臨む際に，究極な垂直統合モデルを
構築できた原動力である。ROM 型 VOS 開発とはいえ，社内にある多種多様
な異能チームと異分野を有機的に融合できる利点を活かし，自社の電動化対応
のアプリケーションフレームワーク開発を他社に追随を許さない領域まで進展
させたのである。

　2018 年の北京モーターショーにて，BYD が BYD 電子が開発した Di Link
を発表した。Di Link は Android ベースの車載オペレーティングシステムであ
り，長年の EMS 操業経験による結実でもある。Di プラットフォーム，Di ク
ラウド，Di エコロジー，および Di オープンプラットフォームからなる人間−

機械－車両－クラウドエコシステムとしての Di Link は従来の情報エンターテイメント機能を超えて，安全性，利便性，およびクラウドサービスとの統合に基づく，ステアリング，アクセル，およびブレーキの制御が可能な自動運転をサポートするオープンプラットフォームである。

　Di プラットフォーム機能では，14.6 インチのスマートな回転スクリーンが中核を担っており，LCD メーター，スマートなウェアラブルキー，Ethernet バス，Android ベースの車載システムなども含まれている。優れたハードウェア能力に加えて，セキュリティレベルも高く，セキュリティチップ，セキュリティゲートウェイ，バス暗号化などによってセキュリティシステムの構築が行われている。

　Di クラウド機能は BYD と Ali Cloud によって共同で作成されたクラウドサービスシステムであり，車両のリモートコントロール，車両の状態モニタリング，位置の表示，データの利用，ワンクリックでオペレーターを呼び出すなど，多様なビジネスシーンでの使用をサポートする。

　Di エコロジーは複雑な車のシーンと組み合わせて完全な自動車エコロジーを提供するものであり，百万クラスの APP を含むモバイルエンドを機械システムにシームレスに統合しており，Car Log や車外カメラを使用した顔認識のインテリジェントアクセスなど，サードパーティーと協力してカスタムアプリケーションを開発することもできる。

　Di オープンは BYD が車のネットワーキング領域での開拓的な取組みであり，車両全体にわたる 341 のセンサーへのデータアクセスと，アクセラレーション，ブレーキング，ステアリングなど 66 以上の車両システムの制御を開放しており，アプリケーション開発者向けの開発プラットフォームとして提供している。

4.3　異分野の融合による知能化推進
　ICT 大手のファーウェイも自社のもつ ICT 経験の全面移植と活用[2]を通じて，日進月歩の E/E アーキテクチャ・イノベーションにおけるリーダーシッ

2　ファーウェイのニュースリリース

プを確保しつつあり，同時に中国が世界電動化競争における競争優位の強化をけん引している。その取組みの特徴は図表 6 で示した通り，クラウドコンピューティングや高速ネット通信制御などの ICT 業界にすでに確立させた競争優位を，VOS 開発を通して，自動車産業にて移植，もしくは再融合する点にあるといえよう。

　周知の通り，ファーウェイはモバイルフォンなどの ICT 業界において，Intelligent Cloud-Network Solution（ICNS）関連の技術体系をすでに築き上げている。自動車産業におけるデジタル変革の先駆者を目指し，クラウドコンピューティングとネットワーキングの統合を通じて，自動車の電動化のけん引役を目論んでいる。同社の ICNS では，クラウドとネットワークのリソースをシームレスに統合し，Software-Defined Networking（SDN）や Network Functions Virtualization（NFV）などの技術を活用して，5G やエッジコンピューティングなどの新興技術との統合を通じて，包括的で自動車の電動化のソリューションを提供できる。

　そのアプローチの核心に据えられているのは，車が車輪の上で移動する Mobile Data Centers（MDC）になるという考えである。ファーウェイは自動

図表 6　電動化競争におけるファーウェイの取組み

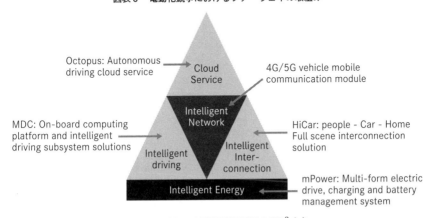

（出所）2023 CHINA SAE CONGRESS and EXHIBITION の HP[3] より

3　http://www.saecce.org.cn/EN/newsDetail/?Id=199

運転車が計算プラットフォームに要求する条件に応えるために自社開発したホスト CPU, AI, ISP, および SSD 制御チップが搭載される MDC ソリューションを開発した。底層のソフトウェアの再定義とハードウェア再集積という最適化を通じて，同社の MDC ソリューションは正確なセンサーデータ処理，マルチノードのリアルタイム通信，ノイズの最小化，低消費電力管理，迅速で安全なブート機能を実現しており，現行の他の計算プラットフォームと比較して，次の4つの技術的な利点を有している。

　第1に高性能である。MDC はファーウェイの最新の Ascend AI チップセットを搭載しており，最大 352 TOPS の計算能力を持ち，L4 要件を満たしている。MDC は以前には不可能だったより多くのセンサーからリアルタイムでデータフローにアクセスし，カメラ，ミリ波レーダー，Lidar，および GPS を含む複雑な道路条件に対応するための自動運転システムに安全で信頼性の高い計算サポートを提供する。

　第2に高い安全性と信頼性を備える。MDC の E2E 冗長設計は単一障害点を防ぐ。MDC は摂氏マイナス 40 度から 85 度までの周囲温度など，過酷な外部環境に対応し，ISO 26262 ASIL D などの業界標準の信頼性と機能的な安全基準を満たしている。

　第3にエネルギー効率が高い。MDC は業界をリードする 1 TOPS/W の E2E エネルギー効率を備えており，業界平均の 0.6 TOPS/W を上回っている。エネルギー効率は車の巡航範囲を拡大するだけでなく，計算のための低温を可能にし，電子部品の信頼性を向上させ，放熱ファンなどの脆弱な構成要素の必要性を排除し，ハードウェアのフットプリント，車両への構造的な影響，および潜在的な障害が最小限に抑えられる。

　第4に低遅延である。底層ハードウェアプラットフォームはリアルタイムオペレーティングシステムを備えており，効率的な底層ハードウェアおよびソフトウェアの統合最適化を提供している。これにより，サブ -10 マイクロ秒のカーネルスケジューリング遅延およびサブ 1 ミリ秒の ROS 内部ノード通信遅延を提供し，全体的な E2E 遅延が 400〜500 ミリ秒の業界平均に比べて 200 ミリ秒となり，安全性が向上する。

　ファーウェイの MDC はまた，インターフェースの標準化，および開発ツー

ルを提供するオープンプラットフォームでもある。このプラットフォームを通じて，OEM 各社が自ら自動運転アルゴリズムと機能を迅速に開発，デバッグ，実行することが可能であり，L3 から L5 の自動運転アルゴリズムへのスムーズな進化をサポートしている。実際，MDC ソリューションを使用した L4 の自動運転に関して，ファーウェイはすでに独アウディと提携し，共同開発を行っている。中国での Audi Q7 の MDC を搭載したテストは，暗い都市や農村部の夜間の複雑な交通条件，不明確な車線，道路を横断する歩行者，自転車，スクーターを含む状況で成功し，高速巡航や他車への追従，信号や歩行者の認識，地下駐車場での自己駐車にも成功した。

　現段階でファーウェイは MDC ソリューションおよび自社の ICT との融合経験をもって，自動車メーカー各社の電動化について，3 つの協力モデル，すなわち「部品供給モデル」「ファーウェイ Inside（HI）モデル」「ファーウェイ Smart Selection モデル」を提供している。

　部品供給モデルでは BYD や上海汽車，吉利汽車，長城汽車などの伝統的な自動車会社に対して，MDC，LiDAR，Harmony OS，AR-HUD，オールインワンパワートレインなどの製品を含む 30 以上のスマートカー部品製品を納入する。

　ただし，自動車分野におけるファーウェイの役割は明らかに単なるサプライヤーではないため，HI モデル，ファーウェイ Smart Selection モデルは同社の重要な戦略分野となる。HI モデルでは，自動車メーカーが同社のスマート・カー・ソリューション・ブランドの HI ソリューションを採用することで，ファーウェイは電動化対応のフルスタック・ソリューションを提供する。ただ，その場合，自動車の製品設計と製品定義は自動車会社が担う。電動化の成敗はパートナーの自動車メーカーの E/E アーキテクチャ・イノベーション能力に制限される。

　一方，ファーウェイ Smart Selection モデルでは，同社がフルスタック・インテリジェンスを提供することで，電動化ソリューションには製品定義，製品設計，ユーザー エクスペリエンス設計，製品プロセス設計などが含まれる。同時に，ファーウェイは販売チャネルを提供し，開発とマーケティングにおいてより大きな発言力を持っている。この場合，自動車の機械部品，シャーシ部

品，チューニングは依然として自動車会社が独占的な発言権を持つが，電動化対応の E/E アーキテクチャ・イノベーションはファーウェイが主導することで，「ファーウェイ Car」は作らないが「ファーウェイ Car」の EMS 生産を彷彿させる共創活動が電動化の成敗のカギを握る。現在，ファーウェイ Inside モデルの下で ARCFOX 汽車および AVATR 汽車と協力している。また，ファーウェイ Smart Selection モデルには AITO 汽車が含まれているほか，奇瑞汽車と江淮汽車とも協力して新製品を開発している。

5．EV 軸に世界をリードする課題〜市場結成のジレンマ

　EV の社会的普及に電動化ジレンマが存在する。普及促進に関わる政策体制は一般的に，補助金政策，排出規制，道路優先権と税制優遇策などからなるが，財政出動による補助金政策は普及初期の勝敗を分けるポイントとなる。

　日本では「クリーンエネルギー自動車・インフラ導入促進補助金」の名目で予算総額が 375 億円にのぼる補助金制度を 2021 年に公表した。22 年にさらに 155 億円が追加された。軽 EV・PHEV の上限額の 55 万円で計算すると，合計で 10 万台程度の需要促進効果が見込まれるが，普及を加速させるにはさらなる大規模な財政出動が必要となる。

　米国では安定しない補助金政策が EV 普及の一進一退を招いた。1 台当たりの補助金額が 2019 年に 4500 ドル（約 65 万円）で，20 年には 2300 ドルに減少し，21 年に一転して 3200 ドルに増えた。対照的に欧州では，16 年から一貫して 5000〜6000 ドルで安定しており，日米より躍進的な EV 普及を経験できたのである。ただ，市場による自立的な普及メカニズムがなければ，予算額が底を付くと同時に，普及自体は持続不可能に陥る。

　補助金政策と並び，排出規制も重要な促進効果を持つ。世界最も厳しい燃費基準を導入した欧州では，2021 年より WLTP（国際調和排出ガス・燃費試験方法）基準で CO_2 排出基準値を 95 グラム／キロメーターに設定された。超過した場合，1 グラム／キロメーター当たりに 1 台につき 95 ユーロ（約 1 万 5000 円）の罰金が課される。ただ，排出規制は EV の社会的普及に対してどれほど本質的な促進効果を有するのかは疑問である。確かに，テスラは米カリ

フォルニア州と欧州で CO_2 排出権の売却で潤沢な資金を手に入れ，持続成長の糧にした。何より問題なのはテスラの成長モデルを全般的に取り入れる自動車メーカーはそれほどいないことにある。

2021 年 4 月時点で CO_2 排出量取引制度を導入したのは世界で 29 の国と地域に過ぎず，排出権の取引価格も地域ごとに乱高下する。さらに，排出規制の厳格化は排出制約がない他国の競合相手に対して域内企業をさらなる不利な状況に立たせ，技術革新を阻害する逆効果も有する。EV モデル別の販売ランキングを例にすれば，2022 年に米国と中国では最も売れた 10 モデルのすべてが EV 専用車台に由来したものだったのに対して，欧州ではフィアット 500 をベースとしたフィアット 500e のような既存の内燃機関車を改造した EV モデルが 4 つあった。

総じて，「アメ」の補助金政策と「ムチ」の排出規制のいずれもジレンマを抱えており，促進効果が認められる一方，状況次第で EV 普及を阻む要因に化けかねない点は大きな不安要因を生み出している。

中国の「ダブルクレジット」規制は電動化ジレンマを克服するヒントを提供している。2017 年に中国政府が CAFC（企業別平均燃費）規制と NEV 規制を統合し，「ダブルクレジット」規制として公表した。メーカーごとに新車の加重平均を規制する排出規制に対して，メーカーごとのプロダクトミックスに対して規制する点が特徴的である。

まず，CAFC 規制では，車体重量に応じて，区画ごとの燃費目標値が設けられ，EV の燃費が 0 とする。販売台数を用いて区画ごとの加重平均で算出した実際燃費と目標値燃費との差額は CAFC クレジットとして計上される。「ダブルクレジット」規制では企業ごとに毎年 0 以上のクレジットの保有が義務付けられている。CAFC クレジットがマイナスになった場合，前年度から繰り返し分か，グループ関連企業の持つ CAFC クレジットとの合算で補填する必要が生じる。それでも足りない場合，自社の持つ NEV クレジットか，購入した NEV クレジットかで補填しなければならない。

NEV クレジットは BEV，PHEV と FCEV ごとに設定した係数を用いて，販売台数に応じた加重平均値が目標値との差額で算出される。NEV クレジットも CAFC クレジットと同様にプラス維持の義務があるが，繰り越しは認め

られていないため，他社からの購入が唯一な手段となる。やや複雑なクレジット算出制度であるが，中国政府が各種の評価係数をタイムリーに修正し，各社のプロダクトミックスに影響することで，EV市場の自律的結成を促進しながら財政出動を次第に低減していく。実際に2016年以来，EV市場が急拡大しても，1台当たりの補助金額は1万2000ドルから3750ドルに逓減できたのである。

6．結　　語

電動化というレジームシフトに，テスラは先導役を果たしているのは事実である。そのチャレンジの成果も世界的販売実績として結実している。他方，打倒テスラで参入した中国勢の台頭は電動化競争を加速させただけではなく，「ソフトウェア・インターフェース（E/Eアーキテクチャ）覇権」の樹立にテスラと異なる進化経路を提示している。

テスラは先導者が故に，車載電子分野の革新が環境依存しない，車載カメラにディープラーニングの機能を備えたアーティフィシャル・ニューロン・ネットワーク（人工神経網）が加えられた「純粋なビジョンアプローチ」を採用している。高精度地図を必要としない点が普及を大いに促進したが，その独自進化が米国自動車産業全体の電動化シフトに対する波及は限定的と言わざるを得ない。

他方，後発する中国勢は予め電動化競争がもつ「革新的包容性」を重視し，ビジネスモデルイノベーションを促進する官民一体の路線を選んだのである。現在，中国民族系自動車メーカーはLiDARと高精度地図のアプローチを採用しており，5G等の中国の持つインフラの優位性をいかす方向で進化し続ける。電動化の実現アプローチの相違において，テスラに比べて中国民族系の方がよりいっそうインターフェース定義に関する環境整備に対する需要が高まったのである。

2020年12月に中国汽車工業協会の傘下組織として，ソフトウェア・ディファインド・ビークル・ワーキンググループが発足され，2022年6月に「ソフトウェア定義型自動車のAPI参考規範（V3.0）」が公表された。中国民族系

自動車メーカーをはじめ，ファーウェイなど異業種からの参入者を含む 100 以上のメンバーが一堂に，電動化車両の電気電子アーキテクチャに関する 400 個以上のアトミック・サービス（単一のビジネスロジックとインターフェース）API 及び 300 個以上のコンポジットサービス（設備相当モジュール）API を設定したのである。

　BYD の日本上陸の例で分かるように，中国シフトで加速する電動化競争は現に中国市場に留まらず，世界市場を巻き込む勢いである。その暴風の目となるのが，E/E アーキテクチャの定義能力の持続向上のほかならない。

参考文献
尚進（2022）「基于 SOA 理念的 AD/ADAS 操作系統架構（SOA コンセプトに基づく AD/ADAS オペレーティングシステムアーキテクチャ）」2022 年 AUTOSAR 中国デー講演録（https://zhuanlan.zhihu.com/p/551759190，最終閲覧日 2023 年 12 月 8 日）
伍曉鷹（2018）「中国経済成長の源泉に関する会計」『RIETI Discussion Paper Series』（15-E-048）（https://www.rieti.go.jp/jp/publications/dp/15e048.pdf，最終閲覧日 2023 年 12 月 8 日）
IEA（2023）Global EV Outlook 2023（https://www.iea.org/reports/global-ev-outlook-2023，最終閲覧日 2023 年 12 月 8 日）

第3章

半導体にみる「デカップリング」の現状
——自給率向上目指す中国，増産急ぐ

桜美林大学大学院 特任教授

山田 周平

◉ポイント

▶ハイテクを巡る米国と中国の摩擦は 2024 年春で開始から 6 年が経過した。追加関税や輸出規制の結果，パソコンやスマートフォンなど IT（情報技術）機器のサプライチェーン（供給網）には変化が現れている。ただ，戦略物資の半導体では米陣営による対中デカップリング（分断）が進んだとは言い難い。

▶中国は米陣営による先端技術の輸出規制下でも半導体の自給率向上を諦めず，結果として中国では成熟技術で製造する「レガシー半導体」の大増産が進んでいる。増産投資は米陣営の製造装置メーカーの商機になる一方，米中摩擦による環境悪化で中国国内の事業拠点を縮小する海外の半導体企業が増えている。

▶レガシー分野の代表格であるパワー半導体の増産が中国の電気自動車（EV）メーカーの競争力を高める現象が確認されている。日本の政府や産業界は通信・人工知能（AI）分野に偏った米制裁に追従するだけでなく，自らの産業競争力を損なわない中国対応策を打ち出す必要がある。

◉注目データ ☞　主要国・地域の半導体生産能力

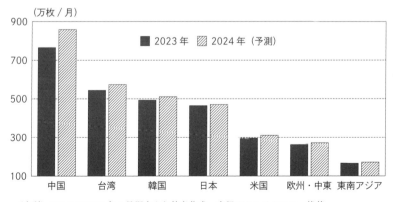

（出所）SEMI の 2024 年 1 月調査より筆者作成，直径 200 ミリウエハー換算

１．米中，終わりの見えないハイテク制裁の応酬

　ハイテク覇権を巡る米中摩擦は 2024 年に入っても終わりが見えない。米国政府が戦略物資である半導体で対中デカップリング政策を段階的に強化し，中国が官民を挙げた国産強化策などで対抗する構図が続く。6 年を経過した摩擦は世界のハイテクサプライチェーン（供給網）に構造変化をもたらしつつある。本稿では供給網の脱中国が 2023 年末時点でどの程度進み，世界の IT（情報技術）製造業にどう影響しているかを検証してみる。

　図表 1 では中国のハイテクを巡り，関係国が 2023 年に発動した規制・制裁を時系列で並べた。これらは①米政府が 22 年までに発動済みだった措置を一段と強化した②米政府が日本など友好国に対中制裁への同調を求めた③中国が自らの経済資源を使って米陣営への対抗措置をとった——の 3 種類に大別できる。このうち①には，半導体など 3 分野での対中投資の制限（8 月）や人工知能（AI）用 IC（集積回路）などの輸出管理の厳格化（10 月）が該当する。

　米政府による対中半導体規制は，2018 年 4 月に通信機器大手の中興通訊

図表 1　2023 年に発動されたハイテクを巡る規制・制裁

時期	内容
5 月	中国の国家インターネット情報弁公室，重要インフラで米マイクロン・テクノロジー製の半導体メモリーの調達を禁止
7 月	日本の経済産業省，先端半導体向けの製造装置 23 品目の輸出管理を実施
8 月	中国商務省，ガリウム・ゲルマニウムの関連製品の輸出管理を実施
8 月	バイデン米大統領，半導体・量子情報技術・人工知能の 3 分野で対中投資を厳しく制限する大統領令に署名
9 月	オランダ政府，先端半導体の露光装置の輸出管理を強化
10 月	米商務省，サムスン電子・SK ハイニックスの韓国 2 社を半導体の対中輸出管理の例外と認定
10 月	米商務省，2022 年 10 月に施行した対中半導体規制を強化し，AI 用 IC の輸出や第 3 国経由の輸出の管理を厳格化
11 月	中国商務省，レアアースを輸出報告制度の対象に追加
12 月	中国商務省，一部の黒鉛製品への輸出管理を実施

（出所）各種公開情報より筆者作成

（ZTE）に対し，米社製 IC チップの販売を事実上差し止めたのが始まりだった。19 年からは同業最大手の華為技術（ファーウェイ）グループとの取引禁止を本格化させた。米政府による対中制裁はこの段階まで，高速通信技術「5G」などに使う通信用 IC の調達・開発を制限することに主眼を置いていた。

　2022 年 10 月に発表した包括的な規制に至り，米政府は対象を半導体メモリーや AI 用 IC に広げ，中国が先端技術で開発・製造する IC 全般を封じ込める形となった。23 年に発動された措置の①は，中国企業の先端 IC 開発に米企業が株主として関与することや第 3 国を経由した取引を禁止すること，規制対象である中国の新興企業を増やすことなどにより，包括規制の実効性を上げることを狙った動きといえる。

　米政府は 2022 年 10 月の段階で，先端 IC の製造装置メーカーを擁する日本とオランダに包括規制への同調を働きかけていた。これも包括規制の実効性向上が狙いであり，23 年の②が相当する。日本政府が 7 月に同調し，IC の微細加工に欠かせない露光装置で世界シェア 9 割を超す ASML が本社を置くオランダ政府が 9 月に続いたことで，対中包囲網は国際的に広がることになった。

　③は中国政府が米マイクロン・テクノロジー製のメモリーの調達を一部で禁じたことや，ガリウム・ゲルマニウムなどの輸出管理を強めたことを指す。中国政府は 2022 年まで，米制裁を批判しながらも，対抗策は半導体の自給率向上など自国内で供給網を強化することが基本だった。中国政府は 23 年にはマイクロンの場合は市場，輸出管理の場合は鉱物という自国の経済資源を材料にして，直接的な制裁の応酬に踏み込んだ形となった。

2．じわりと変わる供給網〜中国，半導体関連は旺盛に生産・調達

　2018 年春に追加関税を相互に賦課する形で始まった米中貿易戦争はハイテクに焦点を移し，前述の通り 23 年も規制・制裁の強化が続いた。米中の貿易を縮小する要因になるはずだが，パソコン（PC）など IT 機器の需要が新型コロナウイルスの感染拡大に伴う在宅ワークの普及などで増えたこともあり，両国間の 22 年の貿易総額は約 7592 億ドル（約 110 兆円）と 3 年連続で過去最高を更新していた。

図表2　米国のノートパソコン・スマートフォンの国・地域別の輸入額

品目	国・地域	輸入額（億ドル）		前年同期比
		2022年上半期	2023年上半期	（%，△はマイナス）
ノートPC	中国	241.96	184.03	△23.9
	ベトナム	9.23	27.05	192.9
	台湾	8.55	8.56	0.2
スマホ	中国	235.99	180.49	△23.5
	ベトナム	70.08	45.07	△35.7
	インド	3.79	23.53	521.6

（出所）ジェトロ（2023）より筆者作成

　ところが，2023年になって変化が見え始めた。ジェトロ（2023）によると2023年1～6月の米国の対中輸入額は前年同期比で25.2%減となり，国・地域別でメキシコ，カナダに次ぐ3位に転落した。米国の22年1～6月の総輸入額が過去最高を記録していた反動もあり，多くの対象国・地域で前年割れとなったが，下落幅が20%を超えたのは主要国で中国だけだった。

　品目別の減少額では，ノートPCとスマートフォンがそれぞれ1位，2位につけた。いずれも前年同期から50億ドル以上減り，3位の3輪車など玩具（約30億ドル減）の減少額を大きく上回った。対照的にノートPCではベトナム，スマホはインドからの輸入が急増している（図表2）。

　ノートPCやスマホでは従来，鴻海（ホンハイ）精密工業など台湾のEMS（電子機器の受託製造サービス）大手が人件費の安い中国に工場を構え，日米韓台から輸入したICなど電子部品を完成品に組み立て，米国を中心とした世界市場に出荷する国際分業が定着していた。しかし，米中摩擦の長期化に伴い，米顧客が台湾EMSに対し，サイバーセキュリティに関わるIT機器を中国以外で生産するよう求める例が増えていた。

　ベトナムとインドは実際に，台湾EMSが新たな工場を設ける国として頻繁に取りざたされてきた。2023年上半期にはこれらの国々で新工場の運営が軌道に乗り，IT機器の供給網における脱中国が貿易統計でも確認できるまで進んだ可能性がある。

　しかし，あらゆるIT機器の頭脳に当たる中核技術の半導体では，統計数字

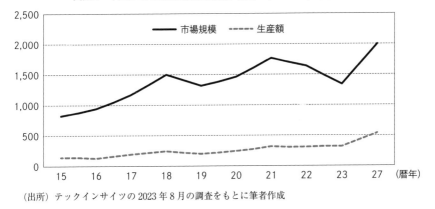

図表3　中国のICの市場規模と生産額（億ドル，2023年以降は予測）

(出所) テックインサイツの2023年8月の調査をもとに筆者作成

から中国と米陣営のデカップリングが進んだことを確認するのは依然として難しい。中国の税関総署によると，2023年のIC輸入額は3494億ドルと前年比で15.4％減少した。ただし，米調査会社ガートナーの調査（2024年1月時点）では23年は半導体市況の悪化により，世界市場の規模が5330億ドルと前年比で11.1％縮小している。中国のIC輸入減が突出して大きかったわけではなく，依然として世界市場の約3分の2に相当している。

　カナダの調査会社テックインサイツは2023年8月，中国国内における同年のIC生産が314億ドル（前年比5％増）となり，中国市場の規模との単純な割り算で求めた「自給率」が23.2％になるとの予測を公表していた（図表3）。自給率は中国政府がハイテク産業振興策「中国製造2025」で掲げた30年に80％（17年改訂版）という目標からはかなり遠いものの，着々と上昇している。本稿の執筆時点では，米制裁によって世界の半導体産業における脱中国や中国の半導体産業の弱体化が進んでいるとは言い難い。

3．半導体国産化の手を緩めない中国の官と民

　中国の習近平指導部が開いた2023年12月の中央経済工作会議は，近年の中国経済が抱える課題の1つとして，供給網をできる限り海外に依存しない「国内大循環」という概念の実現に「障害が存在する」と指摘した。中国の半導体

産業では 23 年に，まさに障害を克服し，国産拡大を目指す官民の動きが相次いだ一方，特に先端技術における限界も浮かび上がった。

3.1　先端 IC への挑戦をあきらめず

　華為技術（ファーウェイ）は 2023 年 8 月，高機能スマホの新機種「Mate60 Pro」を発売した。テックインサイツが発売直後に分解調査を行ったところ，線幅 7 ナノ（ナノは 10 億分の 1）メートル級の演算用 IC「Kirin9000s」を搭載していることが判明した。ファーウェイ子会社が回路を設計し，中国最大の半導体メーカーである中芯国際集成電路製造（SMIC）に製造を委託したとされる。この時点では量産ベースで世界最先端だった 3 ナノ IC からはやや遅れていたものの，かなり高い製造技術を使っている。

　IC は一般に，線幅が細ければ細いほど演算速度や省電力性能が上がる。中国が通信や AI で世界の技術覇権を握ることを防ぐ上では，IC の微細加工技術を持つことを阻止するのが重要な意味を持つ。線幅 7 ナノ以下の IC の微細加工では従来，波長の短い EUV（極紫外線）を光源とする露光装置が欠かせないとされてきた。

　EUV 露光装置は技術的な難易度が非常に高く，世界で実用化に成功しているのは ASML1 社だけだ。米政府が 2019 年の段階でオランダ政府と ASML に対中禁輸を働きかけた結果，中国には EUV 装置が 1 台も存在しないとされている。オランダ政府が 2023 年 9 月に始めた輸出管理は，それに念を押す措置

写真 1　ファーウェイのスマホ「Mate60 Pro」に搭載された 7 ナノ IC

（出所）筆者撮影

だった。

　業界の常識を覆し，中国から7ナノICが出現したことに世界の関心が集まった。その後も続いた各種の分解調査により，現在はSMICが一世代前のDUV（深紫外線）装置で露光を複数回行う「マルチパターニング」で生産したとの見方が定着している。

　この手法ではコストが非常に割高なうえ，さらに工夫しても5ナノICまでが限界とされる。長続きする現象ではないものの，先端ICに対する中国の執念を示す動きだったといえる。

3.2　止まらない設備投資と「レガシー」大増産

　中国の調査会社，芯謀研究は2023年12月末，同年の中国の半導体製造装置市場が前年比で8％増の342億ドルになったようだと発表した。前述した半導体市況の悪化のため，世界全体の市場は4.5％減ったと予測しており，中国半導体メーカーの旺盛な設備投資が目立つ。芯謀研究は2024年も中国市場は9.6％成長すると予測している（図表4）。

　習近平指導部は「中国製造2025」などに「国家集成電路産業投資基金（国家大基金）」の設立を明記し，中央政府と地方政府の合計で10兆円規模とされる投資ファンド（第1〜2期）を整備済みだ。このため，各地で上意下達の目標達成を目指す投資が続いているが，一方で米陣営による制裁によりEUV装

図表4　中国の半導体製造装置市場（億ドル）

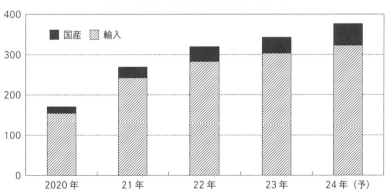

（出所）芯謀研究の2023年12月の調査より筆者作成

置など最先端 IC の製造装置は調達が困難になっている。結果として，中国では成熟技術を使って製造するレガシー半導体に投資が集中する現象が起きている。

　筆者の手元には，有力な半導体業界団体が作成した中国の新規顧客リスト（2023 年 9 月現在）があり，そこには 20 カ所近い新工場の建設計画が並んでいる。これらは電圧や電力の制御に使う「パワー半導体」など，線幅は 28 ナノ以上と最先端から 10 年以上遅れたレガシー分野の投資案件ばかりだ。

　リストはこの団体が初めて取引する顧客だけが対象であり，既存企業による計画を含めると案件の数はさらに膨らむことが確実だ。

　半導体の国際団体 SEMI は 2024 年 1 月，中国の同年の半導体（センサーなど非 IC を含む）生産能力が月間 860 万枚（直径 200 ミリウエハー換算）と前年比で 13％増え，国・地域別で世界一を維持するとの予測を公表した（本章初出のグラフ）。

　さらに，台湾の調査会社トレンドフォースの予測（2023 年 12 月時点）によると，半導体チップの生産を代行する業態「ファウンドリー」のうち，線幅28 ナノ以上の成熟技術を使う IC では 27 年に中国が 39％と台湾（40％）に並ぶ水準まで国・地域別シェアを伸ばす見通しだ（図表 5）。

　つまりレガシー分野を中心に，中国の半導体生産能力の増加は当面続く。量

図表 5　ファウンドリーの国・地域別シェア

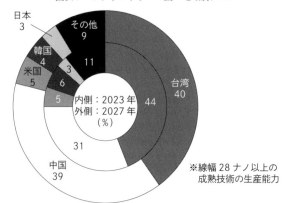

（出所）トレンドフォースの 2023 年 12 月の調査より筆者作成

で見る限り，中国の半導体は弱体化するどころか，逆に世界的な存在感を強めている。

3.3　成長する製造装置メーカー

　図表4で示した芯謀研究の調査は，中国の2024年の半導体製造装置市場においては，国産化比率は13.6％に達すると予測しており，20年の7.2％から大きく上昇することになる。中国資本の製造装置メーカーは①米国や日本による装置の対中輸出規制②公的資金が支える旺盛な設備投資③国内大循環など供給網への政策的な支援——を追い風に急成長している。

　ICを素材のシリコンウエハー上に形成する工程は，基本的に①成膜②露光③エッチング（食刻）④洗浄——の繰り返しである。中国の製造装置メーカーの売上高ランクを見ると，北京市の国有企業を源流とする最大手の北方華創科技集団（NAURA）を筆頭に，①③④の工程の装置を手がける企業が急成長していることが分かる（図表6）。規模や技術では劣るものの，アプライドマテリアルズや東京エレクトロンなど日米メーカーと競合する存在となっている。一方で，ASMLの独占市場に近い露光装置では中国メーカーの存在感はほとんどない。2023年夏には，国有企業の上海微電子設備集団（SMEE）が28ナノICの量産に使えるDUV装置の開発に成功し同年末に出荷を始めるとの報道が流れたが，追加情報がない。前述の通り，そもそも28ナノIC自体が10年以上前の加工技術である。中国の半導体製造装置はICチップと同様，技術水準が高くない領域で大増産が進む状況となっている。

図表6　中国の半導体製造装置メーカーの売上高上位5社（2023年上半期）

社　名	売上高 （前年同期比伸び率）	主力製品
北方華創科技集団	71.4億元（68％）	エッチング，成膜装置
中微半導体設備	25.3億元（28％）	エッチング，成膜装置
盛美半導体設備（上海）	16.1億元（47％）	洗浄，パッケージング装置
華海清科	12.3億元（72％）	研磨装置
拓荊科技	10.0億元（92％）	成膜装置

（出所）CINNOリサーチの2023年9月の調査より筆者作成

3.4　めどが立たない AI 用 IC の調達・開発

　最先端 IC の国産化が 2023 年も足踏みしたことは，中国の AI 産業の発展に影を落としつつある。特に，米政府が同年 10 月に対半導体規制を厳格化する一環として①米エヌビディアが中国顧客専用に開発した AI 用 IC を禁輸対象にした② AI 用 IC の新興企業である壁仞科技（ビレン）と摩爾線程（ムーアスレッズ）をエンティティー・リスト（EL，禁輸リスト）に追加した──ことが打撃となっている。

　AI 用 IC の世界最大手であるエヌビディアは米政府が 2022 年 10 月に施行した対中規制を踏まえ，「A800」や「H800」と呼ぶ中国市場向けの AI 用 IC を開発。これらは規制に触れないよう意図的に性能を落とした IC であり，中国企業から大量の受注を獲得していた。ところが，米政府は 2023 年 10 月の規制厳格化で A800 なども禁輸対象に加えた。

　中国 IT 大手にとって，AI 用 IC の調達を絶たれることは死活問題だ。経済メディアの第一財経（電子版）によると，ネット検索大手の百度（バイドゥ）の李彦宏董事長は 2023 年 11 月，自社が生成 AI サービスの提供に必要な IC の在庫を 1〜2 年分確保しているとしつつも，「長期的には代替策を探さねばならない」と語った。その直前には複数のメディアが，百度がファーウェイに対し AI 用 IC「Ascend910B」を大量に発注したと報じていた。

　百度はエヌビディアの代替先として，ファーウェイに白羽の矢を立てたようだ。しかし，EL の対象企業であるファーウェイは子会社で設計した IC の製造を微細加工技術で世界トップの台湾積体電路製造（TSMC）に委託できず，Ascend910B は SMIC が 7 ナノ技術で製造している。これは一世代前の露光装置を使い回してファーウェイのスマホ用 IC を製造したのと同じ技術だ。中国国内では最先端であるものの，性能，コスト，供給量のいずれもエヌビディアに劣ることが避けられない。

　米政府は 2022 年 12 月に中国 AI 新興の中科寒武紀科技（カンブリコン）を EL に入れていたが，規制を厳格化してビレンなど 2 社を追加した。これは新興勢力が TSMC に製造を委託し，最先端の AI 用 IC を実用化する道を防ぐ狙いだ。トレンドフォースは 23 年 11 月，百度，アリババ集団，騰訊控股（テンセント），字節跳動（バイトダンス）の中国 IT4 社の AI 用サーバーの世界シェ

アが同年に合計で 6.3％に達するものの，米制裁の厳格化の効果が現れる 24 年には 4％を下回るとの見通しを公表している。AI 用 IC の調達難により，中国 IT 大手が国際競争で後れをとり始めている。

4. 中国半導体との距離感を探る海外企業

　米政府の制裁に対抗しようとする中国の半導体業界の取組みが 2023 年も続いたことは，皮肉にも米陣営の半導体製造装置メーカーの対中輸出増につながり，業績の追い風となった。一方で，米中摩擦のあおりで中国国内の事業拠点の縮小や撤退を選択した事例もあり，海外企業は中国半導体との距離感をどうとるべきか，判断が難しくなっている。

4.1　輸出で潤う日米欧の製造装置メーカー

　SEMI などは 2023 年 11 月，同年 7～9 月の中国における半導体製造装置の販売額が 110 億 6000 万ドルと前年同期に比べ 42％増え，四半期ベースで過去最高を記録したと発表した。世界全体の販売額は逆に同 11％減少しており，アジット・マノチャ SEMI プレジデント兼最高経営責任者（CEO）は「中国は成熟技術に対する強い需要と購買力を示している」とコメントした。中国が米制裁の対象外である製造装置を「爆買い」している格好だ。

　日米欧の製造装置メーカーは主に輸出増の形で恩恵を受けている。日本経済新聞が主なメーカーの 2023 年 7～9 月期（一部は 8～10 月期）の業績をまとめたところ，中国比率がそろって 30～50％台に達していた（図表 7）。オランダ政府は前述した 2023 年 9 月（1 日付）の輸出管理強化で DUV 装置の多くを対中輸出の禁止対象に加えたが，契約済みの製品は 23 年末まで出荷が可能だった。ASML はいわば「駆け込み需要」に応えた結果，中国向けの売上高が前年の 4 倍程度の急増している。

　世界の半導体製造装置市場では長年，サムスン電子と SK ハイニックスを擁する韓国と，TSMC を擁する台湾が国・地域別で首位を争い，中国が追い上げる構図だった。2023 年については中国が市場規模で韓・台を完全に上回り，装置を含む世界の半導体供給網で存在感を増す結果となっている。

図表7 日米欧の半導体製造装置メーカーの売上高 (2023年7〜9月期)

社名（本社所在地）	売上高	中国比率
アプライドマテリアルズ（米国）	67億ドル	44%
ラムリサーチ（米国）	34億ドル	48%
KLA（米国）	23億ドル	43%
東京エレクトロン（日本）	4278億円	43%
SCREENホールディングス（日本）	1235億円	55%
アドバンテスト（日本）	1162億円	34%
ASML（オランダ）	66億ユーロ	46%

（注）アプライドマテリアルズは23年8〜10月期，SCREENと
ASMLの中国比率は半導体装置事業と装置販売事業
（出所）『日本経済新聞』電子版，2023年11月17日配信記事より筆
者作成

4.2 中国の事業拠点は縮小傾向に

　中国に工場など本格的な事業拠点を持つ海外の半導体企業の運営は苦心が続いた。代表例はサムスン，SKの韓国勢だ。サムスンが陝西省西安市に持つ工場で全社のNAND型フラッシュメモリーの約40％を生産し，SKは江蘇省無錫市の工場でDRAMの約40％，遼寧省大連市の工場でNAND型フラッシュの約20％を製造してきた。米政府が2022年10月に包括的な対中半導体規制を導入した際，本来は両社の中国工場も最新の製造装置を輸入できなくなるはずだったが，1年間の猶予を認められていた。

　米政府は2023年10月，1年が経過したのを踏まえ，猶予措置を無期限にすると発表した。メモリーは回路の微細化がデータの保存容量という性能に直結するため，最新装置の導入を絶たれることは工場の存続にかかわる死活問題だった。両社と韓国政府は米政府に対し，規制対象外にすることを強く働きかけていたとされる。最悪の事態は回避したものの，韓国では中国に半導体工場を構えるリスクが再認識されており，両社は今後の増産投資を韓国や米国を中心に行う公算が大きい。

　2023年12月には，通信用半導体などを手掛ける米コルボが北京と山東省徳州市に持つ組み立て・検査工場を中国企業に売却することを発表した。コルボは売却の目的を「長期的な資本効率を上げるため」と説明しているが，芯謀研

究は分析レポートで「背後に脱中国という考え方があったはずだ」と指摘している。このほか，AI用半導体の英グラフコアが2023年11月に米制裁による売り上げ減を理由として中国市場からの撤退を決め，通信用半導体を手掛ける米マーベル・テクノロジーが900人規模の人員を抱える中国の研究開発部門を閉鎖するとの報道も流れた。

　2023年5月に制裁の標的とされたマイクロンは，中国政府・産業界との関係改善に追われた。同社は直後の6月，全社の売上高の約4分の1が中国本土と香港を拠点とする企業に関係しており，それが半減する恐れがあると発表していた。

　マイクロンは2023年末までに①西安に持つメモリー封止工場への43億元の追加投資を決定（6月）②サンジェイ・メロートラCEOが訪中し，王文濤商務相と会談（11月）③知的財産権を巡り法廷闘争していた中国メモリーメーカーの福建省晋華集成電路（JHICC）と和解（12月）——などの措置をとった。具体的な効果は不明だが，業績への打撃を和らげようと苦心している。

　なお，中国が発動した鉱物などの輸出管理については，本章の執筆時点では海外企業の経営に大きな影響が出ているとの情報は確認されていない。2023年8月にガリウム・ゲルマニウムの輸出管理が発動された際には，「半導体素材で米国に反撃した」という趣旨の報道が多く流れていた。確かに，ガリウムは通信用半導体の素材でもあるが，人工衛星との通信など特殊な用途に使われる。

　特殊な通信機器はシステム全体がそもそも高価であり，もともとコスト全体に占める比率が高くなかったガリウムの価格が中国からの輸出減で高騰しても，影響は限定的だとみられる。

5．日本はどう対応すべきなのか

　本章における検証を総括しよう。ハイテクを巡る米中摩擦は2023年も制裁合戦などの形で続いた。6年に及んだ摩擦の結果，パソコンやスマホなどのIT機器の供給網では統計上，米国からみた輸入元が中国からインド，ベトナムなど別の国に切り替わることが確認できるようになってきた。一方で，IT

機器の頭脳に当たる半導体では中国の官民を挙げた国産化の試みが続き，主に製造装置の輸入増により日本とオランダを含む米陣営と中国の取引は逆に増えている。

中国の半導体自給率は上昇する傾向にあるものの，微細加工が必要な最先端ICは自主開発が難しく，増産はパワー半導体など成熟技術を使うレガシー分野に集中している。最先端のAI用ICは米政府が禁輸措置を強化したうえ，国産化のめどが立たないため，中国のIT企業が提供するAIサービスは徐々に競争力を失っていく可能性がある。

海外の半導体企業は製造装置の輸出増による利益を享受しているものの，中国国内の事業拠点は米中摩擦のあおりで運営環境が悪化の傾向にある。2023末時点ではざっとこんな状況だろう。

筆者は半導体を巡る米政府の対中制裁の狙いは，安全保障に直結する通信用とAI用のICの開発・調達を封じることだと判断している。これら高い演算速度が求められるICは最先端の微細加工が不可欠であり，その点で米制裁は効果を挙げているとみてよい。しかし，米政府にとって中国の半導体国産化の動きが衰えず，レガシー分野で大増産が起こることは想定外だっただろう。米商務省は2023年末になって，米重要産業における中国製のレガシー半導体の利用・調達に関する調査を始めると発表したところだ。

日本の政府・産業界も中国によるレガシー増産への備えが欠かせない。前述した中国における製造装置の新規顧客リストには，EVで急成長する比亜迪（BYD）グループのパワー半導体工場が3つ含まれている。

BYDは祖業のバッテリーに加え，EV用の駆動装置「eアクスル」などをパワー半導体までさかのぼって内製する体制を固めつつある。米制裁から玉突き的に起こった中国のレガシー大増産は，BYDがEV市場で存在感を高める背景の1つとなっているのだ。

日本の製造装置メーカーが対中輸出で潤うことは素直に歓迎すべきだろう。本章でも触れた通り，中国で日本メーカーの穴を埋めうる装置メーカーが急成長している。中国の半導体メーカーに日本製の製造装置を適度に売り続けることは，中国の装置メーカーが日本勢のライバルに育つことをけん制する点でも一定の意義がある。

写真2　パワー半導体を内製する BYD の EV プラットフォーム

（出所）筆者撮影

　日本の産業界にとって現在，自動車や半導体製造装置は国際競争力を保っている数少ない領域である。通信や AI で世界をリードし続けることを優先する米国とは事情が異なる。日本政府・産業界は米政府による制裁に追従するだけでなく，中国の半導体産業の変化を冷静に見極め，自らの利益となる総合的な中国対応策を打ち続ける必要がある。

参考文献
山田周平（2023）「長期発展のカギ握る半導体国産化─米制裁強化で足踏み，日本にも影響」『点検　習近平政権　長期政権が直面する課題と展望』文眞堂
山田周平（2023）「外交孤立の台湾，危うい『シリコンの盾』」『アジアの経済安全保障　新しいパワーゲームの構図』日本経済新聞出版
山田周平（2023）「中国レガシー半導体集中で貧乏くじを引く日本企業」『週刊東洋経済』2023 年 11 月 18 日号
日本貿易振興機構（ジェトロ）（2023）「米中対立が対米サプライチェーンに与えた影響」

第4章 ─────

第4次AIブームに沸き立つ中国
──アキレス腱は「米中対立」以外にも

ジャーナリスト，千葉大学 客員教授
高口 康太

◉ポイント

▶ ChatGPTの衝撃によって世界では第4次AI（人工知能）ブームが始まった。中国でも多くの新興AIベンダーが生まれる活況を呈している。iPhoneがモバイル・インターネットという巨大産業を作り出したように，生成AIが次世代の巨大産業を生み出すとの見方が広がった。

▶ 現在，生成AIをリリースしている企業を見ると，AIベンダーとIT企業が現時点の中心だが，2024年はより小規模で開発ハードルの低い業界特化型の生成AIの台頭が予測される。

▶ 中国のAI産業は強みと弱みが併存している。全般的な経済低迷だけではなく，IT企業の株価低迷，ベンチャーマネーの縮小は今後の発展を制約する要因になりかねない。

◉注目データ ☞ 中国のエンジェル，VC，PE投資の金額・件数推移

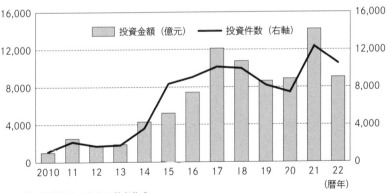

（出所）清科研究をもとに筆者作成

1．生成AIという「風口」

1.1 「殺到する経済」とイノベーション

　中国ではホットなビジネス領域のことを「風口」（フォンコウ）と呼ぶ。どこに「風口」があるのか，起業家やベンチャー投資家，大企業まで常にアンテナを張り巡らせていて，チャンスとみるや，多くのプレイヤーが殺到していく。大手スマートフォンメーカーの小米（シャオミ）の創業者，雷軍氏はかつて「強風が吹く場所ならばブタですら空を飛べる」と発言した。キングソフトの経営者として2007年に上場させたが，主力事業のパソコン向けソフトウェアの熱はすでに去った後で，期待していたほどの株価はつかなかった。ならば，次こそは「風口」のビジネスで勝負しようとスマホで勝負した。その判断を示した言葉だ。

　成長分野にヒトとカネが集まるのは当然とはいえ，中国の勢いたるや他国とは比べものにはならない。今や世界を席巻している中国の電気自動車（EV）だが，大手企業からベンチャーまで含め約500社が乱立した。そのほとんどが1台の車も生産できずに消えていったが，残った成功者たちは今，強烈な存在感を放っている。

　「風口」に多くのプレイヤーが群がるさまは，「殺到する経済」と言われてきた。かつては「儲かると思われる業種にドッと大勢の人々，会社が押し寄せて，すぐにその商品が生産過剰に陥り，価格が暴落して，参入した企業が共倒れになる」（東一眞『中国の不思議な経済』中公新書ラクレ，2007年）と否定的に見られてきたが，現在はEVや太陽光パネル，バッテリーなど，いくつものプロダクトで「殺到する経済」の中からエクセレント企業が生まれ，これを「多産多死のスタートアップ・エコシステム」と呼んでいる（高須正和・高口康太『プロトタイプシティ 深圳と世界的イノベーション』KADOKAWA，2020年）。何が正解なのか，どこにニーズがあるのかすら曖昧な事業領域においては，無数のプレイヤーがひたすらトライ＆エラーを繰り返す中で，偶然パズルのピースがはまるように成功例が見つかる。事業家は失敗するつもりで取り組んでいるわけではないだろうが，投資家，そして政府までも多くの企業が

消え去ることを前提で，風口への殺到を歓迎する姿勢が強い。

1.2　モバイルシフトを想起させる AI の台頭

　そして，2023 年の「風口」となったのが生成 AI（人工知能）だ。2022 年
11 月末に公開された ChatGPT（チャット GPT）は全世界に衝撃を与え，AI
への注目と投資を再び加速させた。いわゆる第 4 次 AI ブームだ。中国も例外
ではない。生成 AI のビジネスとしてのポテンシャルを中国はどのように評価
したのか，それを端的に示すキーワードが「iPhone 時刻」（iPhone タイム）
だ。

　2007 年の初代 iPhone 発売を契機として，巨大なモバイル・インターネット
産業が立ち上がった。利益を得たのはスマホメーカーだけではない。デバイ
スの変化に伴い，新たなアプリケーションや広告が必要となり，また成熟産業
においてもスマホに対応するモバイルシフトに失敗すればシェアを失って転落
する。特に中国はパソコンでのインターネットの普及率が上がる前にモバイル
シフトが起きただけに，あらゆるサービスがスマホに集約されていくようにな
る。多くの企業が新サービスの開発にしのぎを削った結果，アリペイやウィー
チャットペイに代表されるモバイル決済，ティックトックに代表されるショー
ト動画など中国発のイノベーションも誕生している。

　モバイルシフトの衝撃，その印象が強く残っているなかで ChatGPT が出現
した。生成 AI は今後どこまで発展するのか，どのようなユースケースがある
のかはいまだに議論の定まらないところだが，期待されている方向の 1 つにデ
バイスの変化がある。キーボードとマウスで操作するパソコンからタッチパネ
ルのスマホに主流が変化したように，AI と対話するようにデジタル機器の活
用は変わるのではないか，と。ポスト・スマホのデバイスとして VR（仮想現
実）グラスや音声操作可能なスマート・スピーカーが注目された時期もあった
が，いずれも普及にはいたらなかったが，生成 AI は違うのではないか。

　スマホ級のビジネスチャンスであるならば，この「風口」に多くの起業家
が身を投じたのも納得だ。2023 年前半にはビッグネームの参戦が話題となっ
た。前述の「iPhone 時刻」との言葉を生み出した，元グーグル中国総裁にし
て，トップ・エンジェル投資家として知られる李開復氏もその 1 人。生成 AI

スタートアップ「Project AI2.0」を創業した。その他にも，フードデリバリー大手，美団点評（メイトゥアン）の王慧文・共同創業者は「光年之外」，ポータルサイト・捜狗の創業者，王小川氏は「百川智能」を創業するなど，有力企業家や大手ITのトップ級エンジニアによる創業ラッシュが続いた。

2.「千模大戦」と呼ばれる乱戦

2.1　新興AIベンダーの台頭目立つ中国の大規模言語モデル開発

　かくして生成AIの参入ラッシュが始まった。「千模大戦」（千の大規言語モデルの戦争）とまで呼ばれたほどの乱立ぶりだ。中国科学技術情報研究院の報告書『中国人工知能大模型地図研究方向』によると，2023年5月末時点でパラメータ数10億以上の大規模言語モデルは79に達したという。夏時点で150を超えたとの報道もあるが，どのように確認されたものかは不明だ。また，発表があったケースでも公開されず本当に開発が完了されたのか確認できないケースも多い。

　そこで確実に確認できるものとして，工業情報化省に登記された大規模言語モデルを列挙する。「生成式人工智能服務管理暫行弁法」第17条では「世論属性及び社会動員能力を有する生成AIサービスの提供は国家の規定する安全評価に準拠する」とともに，「インターネット情報サービス・アルゴリズムリコメンド管理規定に基づくアルゴリズムの登記，及び変更・廃止手続きを実行しなければならない」と定められている。北京智源人工知能研究院による大規模言語モデル「悟道」，医師向けの診断補助サービス「MedPad」など登記されていないAIも存在するが，一般ユーザー向けに公開しない場合には登記の必要がないとの解釈のようだ。ただし，企業向けにしかプロダクトを提供していない華為技術（ファーウェイ）も登記するなど，企業によって対応にばらつきがある。

　2024年3月28日時点までに117点の大規模言語モデルが登記されている。開発企業の出自を見ると，IT企業が51点，AIベンダー31点，研究機関が3点，事業会社が32点という内訳となる（図表1）。AIベンダーのうち20点は第4次AIブームで設立された新興企業である（2019年以降設立の企業をカウ

ント）。同じ AI ベンダーでも，第3次 AI ブーム
に乗って登場した企業の動きは一歩遅れている。
コンピュータービジョンで世界トップクラスの
実力を持つ AI 四小龍（メグビー，商湯集団＝セ
ンスタイム，クラウドウォーク，イートゥーの4
社。コンピュータービジョンを中心とした技術に
強い）のうち，登記したのはセンスタイムとクラ
ウドウォークの2社のみ。他の2社も研究開発を
進めているが，存在感は薄い。

　第4次 AI ブーム組の中でも目立つのが2019
年創業の智譜 AI だ。同社は AI 研究で知られる
清華大学知識工程実験室のチームによって創業さ
れ，ChatGPT の公開前から大規模言語モデルの
研究を進めてきたという蓄積が高く評価されてい
る。商用利用よりも研究開発に比重が置く技術企
業で，工業情報化省の大規模言語モデル公共サー
ビスプラットフォーム重大プロジェクトにも採
択された。同社の大規模言語モデル「GLM」は
オープンソースとして公開され，他の企業が独自
モデルを開発する基盤を提供しているという点
で路線を異にしている。2023年10月にはアリバ
バ集団，騰訊控股（テンセント），シャオミ，キ
ングソフト，BOSS 直聘，セコイアキャピタル中
国などの大企業，有力ベンチャーキャピタルから25億元（約500億円）を調
達し，ユニコーン企業（評価額10億ドル以上の非上場企業）の仲間入りを果
たした。投資した企業の多くは独自の大規模言語モデルを登記しており，今後
は智譜 AI との協業を進めていくものとみられる。

図表1　生成 AI サービス登記情報

業種別分類	
IT 企業	51
AI ベンダー	31
事業会社	32
研究機関	3

2024年以降の登記	
IT 企業	24
AI ベンダー	6
事業会社	24
研究機関	1

地域別	
北京市	51
上海市	24
広東省	19
浙江省	7
天津市	2
湖南省	2
重慶市	2
江蘇省	2
貴州省	2
四川省	1
山東省	1
福建省	1
海南省	1
安徽省	1
その他	1

（出所）国家インターネット情報
弁公室発表の「生成 AI サー
ビス登記情報」をもとに作
成。2024年4月2日公開。

2.2　エコシステム構築型と業界特化型〜 IT 企業の戦略

　AI ベンダーに続く存在感を見せた IT 企業は BAT（百度＝バイドゥ，アリ

ババ，テンセント）と呼ばれる三大インターネット企業，通信機器大手の華為技術（ファーウェイ）を筆頭に，TikTokを展開する字節跳動（バイトダンス），フードデリバリーの美団点評（メイトゥアン）など有力企業はほぼ出そろった格好だ。特にバイドゥ，アリババ，テンセント，ファーウェイはクラウドプロバイダーとしても事業を展開しているが，その一環としてAIトレーニングのデータセンター・サービスを提供している。AI開発には不可欠なコンピューティングパワーが豊富な点で強みがある。

　李智慧「中国における生成AI業界の現状と展望」（NRI，2023年7月25日）は中国の生成AIをインフラ建設型，エコシステム構築型，業界特化型に分類している。インフラ建設型は大学や研究機関，あるいは前述の智譜AIのような基盤技術の開発に特化した取組みを指す。企業による商用利用は残る2つの選択肢があるが，IT企業による取組みではバイドゥ，アリババが汎用AIプラットフォームの構築を目指すエコシステム構築型であり，テンセントやファーウェイは金融，医療，教育，自動運転向けなど各種業界に特化したソリューションに力を入れる業界特化型という違いがある。テンセントは中国国営中央テレビ（CCTV）や上海大学など，様々な分野のリーディングカンパニー・機関と提携し，すでに50以上の業界別ソリューションを構築したと発表している。ファーウェイは昨年7月時点で鉱山，油田，金融，医療などの領域で生成AIの運用を開始している。

　ただし，エコシステム構築型と業界特化型の線引きは次第に曖昧になっている。エコシステム構築型の企業も続々と個別業界特化型のソリューションを出す一方で，業界特化型の企業も基盤として汎用型の大規模言語モデルは有しているためだ。この線引きは絶対的なものというよりも，どのような成長戦略を目指すかの指針程度に理解するべきであろう。

2.3　事業会社が作る"小さな"大規模言語モデルが2024年のトレンドに

　業界特化型を徹底しているのは事業会社による大規模言語モデルである。前述の図表1に2024年以降に登記された生成AIサービスの業種別分類を示した。事業会社による登録が大きく増加していることがわかる。什麽値得買の生成AIは買い物アシスタントで，チャットによる会話を通じて欲しい商品を探

し当てられるという機能を持つ。電子書籍プラットフォームの掌閲はネット小説家の創作支援ソリューションとして生成 AI を導入，しかもテンセントのメッセージアプリ「ウィーチャット」上で動作するミニプログラムという形式を取る。小説執筆などの創作は ChatGPT の代表的な活用法ではあるものの，AI の使用で執筆のハードルが下がることで低品質の作品が氾濫しかねないことを考えると，プラットフォーム企業が自社サービスとして導入するのは大胆な決定のようにも思える。他にも BOSS 直聘は自社サービスの一機能として履歴書作成サポート AI を導入するなど，自社業務に特化した AI が登記されている。また，VIVO，OPPO，オナーなどのスマートフォンメーカー，TCLや長虹などの家電メーカーも登録した。タッチパネルやキーボード，リモコンに代わるインターフェースとして，AI との会話によって電子機器を動作させる方式が今年中にも本格的な普及が始まるとみられる。

　大規模言語モデルの開発には膨大なデータを使って AI をトレーニングするためのコンピューティングパワーが必要となる。時間と資金が必要な工程だが，一部の用途に特化した AI ならばそのリソースを大きく削減することができる。世界的に見てもオープン AI とグーグルに代表される業界トップは最新鋭最高性能の AI を目指す戦いをくり広げるが一方で，低コストで開発可能な業界特化型の AI がもう 1 つの競争分野になると考えられている。登記案からも 2024 年に入って中国では早くもこの分野の成果が表面化したことがうかがえる。

2.4　中国 AI の性能

　さて，ここまで中国では様々な生成 AI が開発されてきたことを紹介してきたが，それらの AI はどれほどの能力を持っているのだろうか。

　生成 AI の性能評価には様々な手法が提案されている。正しい答えを導き出せるか，客観的に判断できる自動化テストもあれば，回答を人間が評価する形式もある。AI ベンダーの科大訊飛（アイフライテック）は自社開発の星火台模型 3.0 は中国語能力の客観的評価など一部の項目では ChatGPT を超えたと発表している。こうした独自に試験を実施した結果，「中国語対応では」あるいは「特定の項目では」世界トップのオープン AI を超えた，と発表する例は

アイフライテックにとどまらない。

　これらの発表を検証することは困難だ。米国を中心に実施されている性能評価では，中国で商用公開されている生成AIは含まれていないことが多い。そもそも英語を使った試験プログラムでは中国語中心に訓練されているAIでは対応が難しいという側面もある。

　中国語中心の生成AIモデルの性能評価では，北京智源人工知能研究院によるFlagEvalという評価プログラムがある。2023年11月13日時点の評価ではAIベンダーの零一万物がトップ，2位がアリババ，3位が智譜AIと清華大学知識工程実験室の共同開発，4位が北京智源人工知能研究院という順番だった。零一万物は李開復氏が23年に立ち上げた新興のAIベンダーだ。設立から1年も経たずに性能トップに出たのは驚異的ではあるが，彼らのプロダクトは米メタが主導するオープンソース・大規模言語モデル「LLaMA」をチューニングしたもの。オープンソースである以上，利用自体には問題はなかったが，リリース当初にはソースコードから「LLaMA」の名称を削除していたことが発覚しニュースとなった。

　零一万物や百川智能など中国の新興AIベンダーの多くは「LLaMA」にファインチューニングを加える形で自社のモデルを開発している。結局は核心技術を米国に依存しているとの批判がある一方で，中国内外のプレイヤーが互いの成果を相互に参照しつつ技術開発を進めるオープンソースは，基礎研究に弱みを抱えつつも多数のエンジニアを擁し商品開発や実装に強みを持つ中国にはプラスとの見方もある。バイドゥやアリババ集団などの大手IT企業も自社のAIをオープンソースとして公開している。モバイルデバイス向けのオープンソースOSであるアンドロイド，プロセッサの命名セットアーキテクチャ（ISA）であるRISC-Vなど，オープンソースの活用が中国企業の成長を支えた事例には事欠かない。大規模言語モデルでもこの勝ちパターンの踏襲を目指している。一方で，米議会ではRISC-Vを念頭にオープンソースを対中輸出規制に含めるべきとの声が上がり始めた。オープンソース規制が実施されるのか，AI開発にまで拡大されるのかは，今後注視する必要がある。

　FlagEvalより多くの商用生成AIがテストされているのが新華社研究院中国企業発展研究センター実施の「AI大規模モデル体験報告」（図表2）である。

図表2　AI大規模モデル体験報告

順位	第1回	第2回	第3回
1	GPT-4（オープンAI）	アイフライテック	アイフライテック
2	GPT-3.5（オープンAI）	バイドゥ	センスタイム
3	バイドゥ	センスタイム	智譜AI
4	アリババ	智譜AI	瀾舟科技
5	アイフライテック	360	360
6	センスタイム	崑崙万維	バイトダンス
7	智譜AI	アリババ	アリババ
8	Vicuna-13B	瀾舟科技	テンセント
9			崑崙万維
10			中科聞歌

（出所）新華社研究院中国企業発展研究センター報告書をもとに作成

基本性能，IQ（正しい知識を回答できるか），EQ（道徳などの複雑な問題について），ツール機能（経済学や医学など特定の分野で正しく問題を解析し回答できるか）という4分野の問題について，人間が主観的に評価する形式である。2023年5月，8月，11月と，現在までに3回試験結果が発表された。参加しているモデルが総体的に多いとはいえ，中国製モデルの全体像を見渡すにはいささかこころもとない。第1回ではオープンAIとの比較も行われていたが，第2回以降は中国国産モデルだけでの比較になっていることも残念だ。しかし，管見の限りでは多くの商用AIが参加している試験にして，短期間で実施回数を重ねたことでメディアや報告書で引用される回数が高まっている。今後はこのAI大規模モデル体験報告での好成績を狙ってチューニングする企業もあらわれる可能性はありそうだ。

　第3回時点でアイフライテックがトップ，以下はセンスタイム，智譜AI，瀾舟科技と4位までAIベンダーが占めた。その後，360，バイトダンス，アリババ，テンセントとIT企業が続く。主観的評価だけに厳密さはかけるが，回答の精度という面で見ると，AIベンダーが資金力や人員で勝る大手IT企業に勝る評価を受けていることは注目に値する。

2.5　応用シーンの開発進む

　「AI大規模モデル体験報告」では劣勢だったIT企業だが，ユースケースの開拓という視点では優位に立っている。新興AIベンダーと比べて歴史が長く

一定数のユーザーを持つため，自社事業との組み合わせという形で実効的な
ユースケースを模索することができるためだ。EC（電子商取引）大手である
アリババ集団のチャレンジはまさにその典型だ。同社がまず生成AIを導入し
たのはビジネスメッセージアプリの「Dingtalk」だった。日本で普及している
SlackやTeamsのような用途で使われるサービスで，主に同じ企業や学校な
どの組織に属するメンバー同士がテキスト，音声，動画ベースでコミュニケー
ションし，ドキュメントや統計データを共有し，社内管理システムと連携する
ことで出退勤や在庫管理などの業務をコントロールするという機能を持つ。

　すでに多くのAI機能が導入されているが，簡単な企画書を作成する（デモ
では社員旅行イベントの企画書作成が行われたが，簡単な指示でビーチバレー
などのレクリエーションプログラムや社員旅行の意義といった本文が作られた
ほか，企画書を飾る海辺の写真までAIが作り出していた），ビデオ会議の議
事録作成，ビデオ会議に遅れて入室した場合にそれまでの議論を要約して表示
するといった，実際の業務に使えそうな機能が導入されている。

　また，チャット型の生成AIである「通義千問」ではネットショップで販売
する商品の説明文やソーシャルメディアに投稿するテキストの作成補助といっ
たシーンについて，簡単な操作で目的にあった文章を作れるような形式が用意
された。画像生成AIの「通義万相」は一般的な画像生成AIのようにテキス
トによる指示で画像を作成できることに加え，ネットショップの商材写真作成
専門の機能もある。その1つ，バーチャルモデル機能では商品を持った写真を
AIが加工することによって，写真に写っている人間を美男美女のバーチャル
ヒューマンに変更し，背景も美しい自然などに切り替えることができる。

　中小の販売業者にはカメラマンとモデルを雇って商材写真を作ることは難し
いが，この機能を使えば自分自身が商品を持ってポーズをつけた写真を撮影す
るだけで，簡単にプロが撮影したような商材写真へと加工できるわけだ（写
真1はその例）。アリババは「すべてのビジネスを広げる力になる（To Make
it easy to do business anywhere)」を社是とし，中小企業のネットビジネス・
サポートを事業の根幹としてきた。出店料無料のネットショッピングモール
「タオバオ」を皮切りに，広告，融資，クラウド，物流など中小企業でも使え
ることを念頭に事業分野を増やしてきたが，その発想の延長線上に生成AIの

写真1　通義万相の活用例

(注) 写真左は筆者。右はその写真をもとにアリババのAIで
生成したもの

活用シーンを模索したと言える。

　もう1つ事例をあげよう。検索大手バイドゥは大規模言語モデル「文心一言」を自社が展開するすべてのサービスに導入する方針を示している。ネット掲示板のバイドゥティエバにはAI回答者が実装され，人間による書き込みに対してAIの回答を求められるようになった。果たしてどれだけのニーズがあるのか，遊び以外の使い方があるのか，にわかには理解しがたいが，「ともかくすべてのサービスに生成AIを導入する」という決意は強く感じられる。

　なお，AIとの会話については多くの企業がサービスを立ち上げている。マンガやドラマのキャラクターの口ぶりを真似て会話することは比較的技術的な用件が低い活用とされる。その1つ，バイトダンスの生成AI「豆包」では一般利用者が作成したキャラクターAIチャットボットが無数に登録されている。ドラえもん，クレヨンしんちゃん，ONE PIECEのゾロ，SPY ×FAMILYのアーニャなど，日本アニメのキャラクターも少なくない。これがなにかのビジネスになるのか，マネタイズにつながるのかは見当もつかないが，とりあえずできそうなこと，ユーザーを集められそうなことから取り組んでいる。

　また，バイドゥはB2B（企業向け）ではAI機能の比重を置いたクラウドプロバイダーとして存在感を放つ。AIサービス提供では2019年から中国トッ

写真2　中国国際工業博覧会にて（2023年9月）

（出所）筆者撮影

プシェアを守り続けている（報告書「IDC中国AIパブリッククラウドサービス・マーケットシェア2022」）。その企業向けサービスでも生成AIを積極的に導入している。2023年9月に上海市で開催された中国国際工業博覧会では工場向けソリューションへの導入を大々的にアピールしていた（写真2）。

　事例としてあがっていたのがセメント工場だ。「今年1〜8月の生産量を表示せよ」と入力すると，データが集計される。「このデータを分析せよ」と入力すると，年間計画には未達のペースであること，8月の水不足が原因であるとの分析が表示される。最後に計画達成のための人員増員の稟議書までAIが草稿を書いてくれるという。他にも警備会社向けの日報代筆，新規商品開発のための部品表作成，機材操作のためのマニュアル表示などのデモが実施されている。すでにバイドゥのクラウドを導入している企業はわずかな追加投資で導入できる点が長所だという。既存プロダクトの顧客の厚みを生成AIの展開にも生かせることは新興AIベンダーにはマネできない武器となる。

3．中国AIの強みと弱み

3.1　政府のサポートと干渉

　ここまで民間企業による取組みを中心に中国の生成AIの発展について検討してきたが，国家の果たした役割も無視することはできない。習近平体制にな

り，中国は科学技術イノベーションに傾倒してきた。AI もその例外ではない。

第 13 次 5 カ年計画（2016〜20 年）で AI は経済成長を牽引する重要技術の一環として言及された。2017 年には次世代 AI 発展計画が発表され，30 年までに理論，技術，応用のすべてで世界トップレベルを目指す方針が示された。そして，第 14 次 5 カ年計画（2021〜25 年）では量子技術や集積回路，脳科学，バイオなどと並ぶ科学技術最先端分野に位置づけられている。

国家の旗振りに応じて地方自治体の支援も加速している。北京市には 1800 社を超える AI 関連企業が登記しているという。中国全体のほぼ 3 割に相当する数である。中国 AI をリードする清華大学があるほか，名門大学とバイドゥやバイトダンスなどの北京に拠点を持つ大手 IT 企業が人員を出し合って 2018 年に設立した北京智源人工知能研究院など，教育機関の強みが企業数の多さに直結している。北京市は 2023 年 5 月に「世界的影響力のある人工知能イノベーションの根源地の建設加速のための実施プラン（2023〜25 年）」を発表。現在の集積を武器に世界的な AI 開発シティへの発展を狙う。

北京市政府は基礎技術の開発だけではなく，商用応用の開発も支援している。その代表的な施策が AI コンピューティングパワー・センターの建設だ。2024 年春までに 1000 ペタ FLOPS（1 秒当たり浮動小数点演算回数）という強力な演算能力を備える計画で建設が進む。大規模言語モデルの開発には巨大なコンピューティングパワーとその運用資金が必要となる。中小企業が自社で調達することは難しいため，研究機関や中小企業が利用可能な公共データセンターによってカバーする。中国各地の自治体が同様のデータセンターを立ち上げ，AI イノベーションシティの座を争う。

また，北京市内では AI ベンチャーが拠点を構える産業パークも，人工知能をテーマとしたものが増えている。海淀区だけでも，五道口人工智能産業園，北大西門人工智能産業園，中関村西区人工智能産業園，清華科技園と 4 つの産業パークが立地している。

支援の一方で，AI の安全性確保のための法整備という，ブレーキの面でも中国の動きは速い。2022 年 3 月施行のインターネット情報サービス・アルゴリズムリコメンド管理規定，23 年 1 月施行のインターネット情報サービス深度合成管理規定，23 年 8 月施行の生成 AI 人工知能サービス管理暫定弁法とす

でに3つの法律が成立しているほか，23年10月には「生成AIサービス安全基本要求」のパブリックコメント稿も発表された。24年中にも施行される見通しだ。

　これらの法律がカバーする内容は「社会主義核心価値観の堅持」というイデオロギーに反しないことへの要請から，前述の登記精度，差別や暴力扇動，ポルノの抑止，AIで生成されたコンテンツを見分けられるように電子透かしを入れることの義務化，知的財産やプライバシーの保護までと多岐にわたる。

　もっとも目を引くのがイデオロギーの要素だろう。「AIは中国共産党の価値観を遵守しなければならない」との文言は，SF小説に出てくる独裁国家そのものではないかとの印象を受ける。ただし，AI関連に限らず，中国の法律の多くにはこうしたイデオロギー関連の項目は入っており，お題目と化している側面は否めない。生成AIがどのようなアウトプットを出力するかコントロールするのは困難で，2023年10月にはアイフライテックのAIに「毛沢東」について質問したところ，「才能ある偉人だが，見識がなく大局的発想ができない人物であったと指摘せざるをえない」「文革において毛主席によって農村に送られた人々はひどく苦しんだ」と回答したことがニュースとなった。

　生成AIは不適切な回答をしないように様々な規制がかけられているが，質問文を工夫することでそれを回避して，問題解答を引き出すことができる。プロンプトインジェクションと呼ばれる手法だ。この一件でもプロンプトインジェクションによって毛沢東批判を引き出した可能性が高い。

　報道後，当局による処罰があるとの予想が広がり，アイフライテックの株価は10％近い急落を記録したが，その後当局からの処罰は伝えられていない。AIを使った政府や中国共産党に対する批判が蔓延するようになれば話は別だろうが，現時点では1つのミスでAIの運用をストップさせるような厳しい対応は見られない。

　むしろ問題なのは，日常的なフェイクニュースや詐欺への応用だろう。生成AIを使えば，政府公文書やウェブメディアのニュースの文体を真似たテキストを作成することはたやすい。また，画像生成AIを使って別人になりすまして振り込め詐欺を行った犯罪も，すでに確認されている。スマートフォンで簡単に送金ができるモバイル決済が普及すると，学生に金を貸す校園融資という

違法金融が蔓延するなど，中国では新たなデジタル技術が登場するたびに，それを活用した犯罪が広がってきた。イノベーティブな犯罪を誘発しかねないわけだ。利用のハードルが低く，様々な形で応用ができる生成 AI からはどのような犯罪が生まれるかは予測しきれない部分もある。それだけに中国政府も慎重な姿勢を示している。

3.2　AI のマネタイズは可能か

　前述した通り，2010 年代半ばに誕生した第 3 次 AI ブームの AI ベンダーは現在，存在感が弱まっている。その背景にあるのは「AI の冬」だ。

　2015 年にはグーグル・ディープマインドの AI プログラム「AlphaGo」がプロの囲碁棋士に勝利したことを契機として，ベンチャーキャピタル業界では AI ブームが巻き起こった。資金調達額を見ると，その勢いは明らかで 15 年の 615 億元から 2016 年には 1713 億元，17 年には 3221 億元と急拡大を続けていた（図表 3）。そのベンチャーマネーの流入をもとにセンスタイムや AI 四小龍などの企業は躍進を果たした。

　しかし，2021 年末にはこの AI ブームは停滞感を強め，「AI の冬」とまで呼ばれるようになっていた。ディープラーニングによって画像や音声を AI が理解する能力は飛躍的に高まったが，それをマネタイズする手段が見つからなかった。

図表 3　中国 AI ベンチャーの資金調達額推移

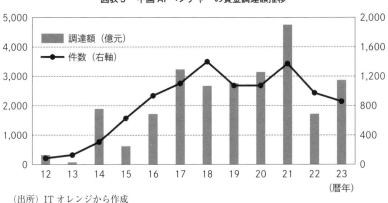

（出所）IT オレンジから作成

ブームの中でAIの利用，社会実装は進んだ。街中の監視カメラはスマート化され，ただ映像を記録するだけではなく，どのような人物がどこにいるかを把握できるようになった。

　製造現場では人間以上の精度で欠陥を発見するようなソリューションも構築された。ただ，AIという技術は社会を変えていった一方で，一定以上の性能を求められる場面は少ない。ソフトウェアとしてのAIは急速にコモディティ化したのである。利益をあげるにはAIの基礎技術の開発よりもいかにマネタイズできるプロダクトやサービスを開発するかという応用での競争が舞台となった。

　AIベンダーは監視カメラを筆頭に，「顔認識を使ったスマートロック」「姿勢認識を使った学習机」「スマート翻訳機」など実際のプロダクトの開発に着手していくが，この分野では既存のメーカーや大手IT企業に強みがあった。AIベンダーは苦戦しているとはいえ，中国全体のAI産業規模の拡大は続いている（図表4）ことを考えれば，個別企業の苦境と中国全体の強さは別問題と言えるだろう。

　第四次AIブームによって再びAI産業への"熱"がよみがえってきたのだが，マネタイズの道が見えていない点では構図に変化はない。異なるのはIT企業，そして中国経済全体の低迷だ。

　マイクロソフト，グーグル，メタなど生成AI開発を主導する米ビッグテッ

図表4　AI核心産業の規模（億元）

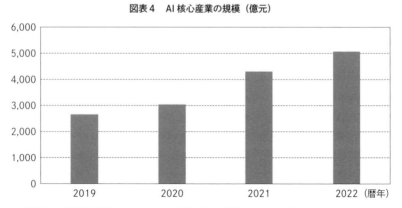

（出所）中国情報通信院に基づく中商産業研究院の報告をもとに作成

クは既存事業の高収益が続いており，AI に多額の先行投資を行ってもなお利
益を確保し，株価も堅調に推移している。しかし，中国の IT 企業は，2021 年
春以降，政府による規制の影響から株価を急落させている。コングロマリット
化の抑制を意味する「資本の無秩序な拡張の抑止」という方針が打ち出された
こともあいまって，企業買収などの投資意欲は極端に下がっている。また，不
動産危機の影響もあり中国経済全体の成長鈍化，民間企業の投資意欲の低減が
伝えられる。

　2023 年には智譜 AI が 25 億元と中国 AI ベンダーの調達額トップに立った
が，米国に目を向ければ，オープン AI の 100 億ドル（約 1 兆 4500 億円），米
アンソロピック（Anthropic）社の 60 億ドル超など，文字通りケタが違う。
中国勢は技術開発競争で米国に出遅れているだけではなく，資金面でも劣位に
立たされている（図表 5）。

図表 5　中国のエンジェル，VC, PE 投資の金額・件数推移

（出所）清科研究をもとに筆者作成

3.3　米中対立と半導体規制

　また，AI 開発に必要な半導体の入手が困難になっていることも中国の課題
だ。AI 開発，特にトレーニングの分野では米エヌビディアの高性能データセ
ンターチップがデファクトスタンダートとなり，世界の企業や国々が獲得競争
をくり広げている。しかし，米国の規制により中国への輸出は禁じられた。特
定企業だけではなく，中国向けの輸出は完全禁止のため，大学などの研究機

写真3　広東省深圳市の電気街

（出所）2019年1月，筆者撮影

関までもが対象となる。第三国経由の密輸の形で持ち込まれているとも伝えられ，電子部品市場（写真3）での販売は確認されているとはいえ，AI 開発には数千，数万単位での確保が必要となるため，それだけでは不足する可能性がある。バイドゥやテンセントなどの IT 大手は規制前に「買いだめ」したと発表，今後数年の開発に必要な量を確保したとアピールしているが，今後さらに高性能の新型チップが登場しても入手は難しい。

　中国企業は独自にチップを確保するほか，米企業が中国外で展開するデータセンターも AI 開発に活用しているもようだ。ただし，米商務省は中国外データセンターの活用も規制対象とする方針を検討している。米政府は中国に対する半導体規制の実効性を高めるようルールの改定を続けてきた。こうした流れを考えると，半導体は中長期的には中国 AI 産業発展の制約となりそうだ。

　米国からの半導体の購入は規制されたが，人材面での交流は止まっていない。米政府によると，2022年10月から23年10月にかけて中国人留学生に発給されたビザは28万9526件で国別最多となった。近年ではビザ発給が拒否されるケースが増えていると報じられているが，統計的にはその影響は大きく現れていない。米国での留学を経て帰国した者，米国にとどまって就職，または研究を続ける者を含めて，中国は AI 先進国・米国の力を借りて AI 人材の層を厚くしている。米スタンフォード大学・人間中心 AI 研究所によると，

AI 関連の論文数では中国が全体の 31 ％とトップ。欧州連合（EU）・英国の 19.05 ％，米国の 13.67 ％を引き離している。質の評価は難しいが，数の面では圧倒的な世界一だ。

参考文献

高口康太（2023）「中国企業における開発・利用動向」『AI 白書 2023』KADOKAWA

真家陽一（2023）「人工知能（AI）をめぐる中国の政策動向と今後の課題」『JBIC 中国レポート』2023 年度 2 号

李智慧（2023）「中国における生成 AI 業界の現状と展望」『NRI』2023 年 7 月

Stanford University Human-Centerd Artificial Inteligence（2023）「2022 AI Index Report」2023 年 4 月

第5章

日本を急追する中国のロボット産業
——政府も支援，国産コア部品など課題

独立行政法人経済産業研究所 上席研究員

張　紅詠

●ポイント

▶近年，中国の産業用ロボット市場が急速に拡大し，年間設置台数も稼働台数（ストック）も世界一となった。ロボットの導入は輸入と外資系企業の現地生産に大きく依存している一方，比較的にローエンドな製品であるが，中国のロボット輸出も急増している。

▶中国企業による日本企業へのキャッチアップが進んでおり，売上高成長率，労働生産性成長率および研究開発（R&D）集約度に関しては，中国企業はすでに日本企業を上回っている。しかし，労働生産性のレベルや売上高利益率からみると中国企業はまだまだ低い。

▶中国政府は積極的に産業政策を実施し，ロボットのR&Dや製造から導入まで積極的に支援を行っている。ロボット生産台数，ロボット密度は目標より大きく上回っているが，自主ブランド・国産コア部品の市場占有率は30％にも達していない。補助金はR&Dなど企業のイノベーション活動に寄与する可能性がある一方，生産性の低い企業に資源配分の歪みもある。

●注目データ ☞ 中国企業のキャッチアップ：労働生産性（2012年＝1）

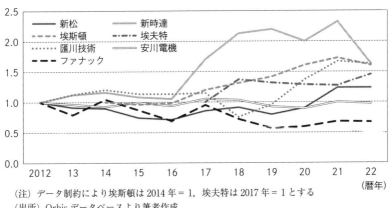

（注）データ制約により埃斯頓は2014年＝1，埃夫特は2017年＝1とする
（出所）Orbisデータベースより筆者作成

1．世界一のロボット市場である中国

　新型コロナウイルス以降のデジタル・トランスフォーメーション（DX）の推進や，電気自動車（EV）をはじめとするカーボンニュートラルの実現に資する幅広い工業製品のニーズの高まりにより，国内外の製造現場における産業用ロボット[1]に対して求められる役割は，質・量ともに，中長期的かつ不可逆的に拡大していく（経済産業省 2023）。

　国際ロボット連盟（IFR）によると，世界全体の産業用ロボットの年間設置台数は 2012 年の 15 万 9000 台から 22 年には 55 万 3000 台まで拡大しており，17 年から 22 年まで毎年 7％のペースで増加している（IFR 2023）。また，世界全体の設置台数は 23〜26 年も毎年 7％以上で増加すると予測される。日本・中国が人口減少局面を迎え製造現場においても熟練労働者の高齢化や人手不足が次第に顕著となっているため，製造プロセスの高精度化・自動化に資する産

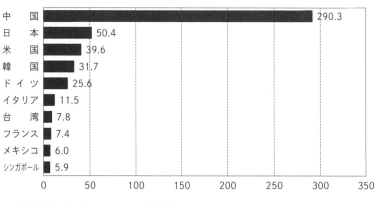

図表 1　ロボットの年間設置台数上位 10 カ国・地域（2022 年，1000 台）

（出所）IFR World Robotics より筆者作成

　1　日本工業規格（JIS）の JIS B 0134: 2015「ロボット及びロボティックデバイス─用語」によると，産業用ロボットとは自動制御され，再プログラム可能で，多目的なマニピュレータであり，3軸以上でプログラム可能で，1 カ所に固定して又は移動機能をもって，産業自動化の用途に用いられるロボットのことであり，主として工業製品の生産用に供される。

業用ロボットは製造業に必要不可欠な物資であると言っても良い。

　世界のロボット市場が急速に拡大している。図表1は，2022年の産業用ロボットの年間設置台数上位10カ国・地域を示している。中国は群を抜いて世界最大の市場である。2022年の年間設置台数は29万3000台となり，21年を5%上回る成長率だった。17年から22年まで年平均で13%増加している。日本は第2位となっており，ロボット導入台数は9%増の5万400台で，新型コロナの感染拡大前の2019年の4万9000台を上回った。年間設置台数は17年から22年まで年平均2%増加したが，中国の13%と比べたらかなり低い。

　産業用ロボットの稼働台数（ストック）は，2017年から22年まで毎年約13%で増加し，22年時点では世界中で約400万台が稼働している（IFR 2023）。図表2は，中国，日本など上位5カ国のロボット市場におけるロボットの稼働台数を示している。19年では5カ国が，世界で稼働しているロボット台数の73%も占めた。うち，中国の世界シェアは28%もあった。中国が16年に日本を抜いて世界最多となり，19年には稼働台数が約78万台に上り，第2位の日本（約35万台）の2倍以上にまで拡大してきた点も注目に値する。

　中国の製造業の規模が世界で一番大きいから，産業用ロボットの導入台数と稼働台数も当然多いと思われるかもしれないが，実際，中国の産業用ロボット密度（製造業従業員1万人当たりのロボット台数）も高い。2021年には中国

図表2　主要国におけるロボットの稼働台数（2000〜2019年）

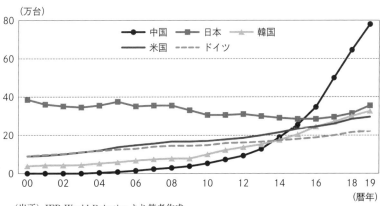

（出所）IFR World Robotics より筆者作成

が世界第5位で322台に達し，米国の274台よりも多く，世界平均の141台を大きく上回っている（IFR 2022）。第1位の韓国（1000台），第2位のシンガポール（670台），第3位の日本（399台）および第4位のドイツ（397台）と比較すれば中国はまだまだ低いため，今後さらに高くなることが期待される。

　産業用ロボット市場において，日本は中国に続いて世界第2位を占め，依然として世界最大規模のロボット生産国である。2018年の世界市場シェアの52％からは低下したが，22年はまだ46％を誇る（IFR 2023）。産業ロボット生産台数も22年は前年比11％増の25万6000台となり，過去最高記録を更新した（IFR 2023）。

　日本の生産量は2017年から22年までに年平均4％の成長を遂げてきた。ただし，これは国内生産量のみの統計で，海外拠点での生産量を含まないことに注意したい。因みに，中国国家統計局によると，22年中国の産業用ロボットの生産台数は44万台を突破した（2017年13万9000台の約2倍）[2]。これはIFR統計の設置台数・生産台数よりかなり高い数字となっている。国家統計局による統計基準の詳細は不明のため，単純に比較するのは困難であるが，中国の生産能力が急速に高くなってきていることには違いない。

　中国市場の拡大と同時にロボットの国際貿易も拡大している。程ら（2018）によると，企業レベルでは輸入が産業用ロボット導入総額の49％も占めている。図表3は中国のロボット輸入の推移を示したものである。2015年から輸入金額・数量が年々増加し，21年に輸入額が約15億ドル，輸入台数が約11万台に達した。

　日中貿易をみると，中国のロボット輸入は日本に大きく依存していることが分かる。2021年に日本が中国の輸入に占める割合は金額ベースでは74％，数量ベースでは84％にも達している。日本のシェアが高いために，全体の輸入価格と日本からの輸入価格の間には大きな差はない。21〜22年の輸入金額をみると，日本への輸入依存度が77％もあり，さらに高くなっている。

　日本側からみても中国は産業用ロボットの最も重要な市場であり，最大の輸出先である。日本の輸出総額は年間約2000億円で，中国向けのシェアが2016

2　中国国家統計局「中国国民経済和社会発展統計公報」2023年。

図表3　中国のロボット輸入状況

年	金額 (千ドル)	数量 (台)	価格 (千ドル／台)	日本のシェア (金額)	日本のシェア (数量)	日本の価格 (千ドル／台)
2015	804,834	46,819	17	57%	79%	12
2016	875,522	52,200	17	62%	75%	14
2017	1,326,503	84,226	16	61%	77%	12
2018	1,144,285	100,349	11	63%	57%	13
2019	989,855	60,723	16	61%	77%	13
2020	1,042,448	76,342	14	71%	83%	12
2021	1,535,467	114,698	13	74%	84%	12
2022	1,375,124				77%	
2023	1,183,958				77%	

（注）2023 年は 1～11 月
（出所）Global Trade Atlas データベースと中国税関総署ウェブサイトより筆者作成

年の 27％から 20 年には 36％に拡大している。また，財務省の貿易統計によると，数量ベースでは，日本は 20 年に 5 万 4000 台のロボットを中国へ輸出しており，これは日本製産業用ロボットの輸出台数全体の 43％に相当する。さらに，日本ロボット工業会（2023b）によると，22 年の電子部品実装用ロボット輸出の 56％，半導体用ロボット輸出の 19％が中国向けだった。

　興味深いことに，中国はロボットの輸入が拡大すると同時に，近年は輸出も急速に拡大させている。輸出額（輸出台数）は 2015 年の 1 億 4000 万ドル（1万 1000 万台）から 21 年には 3 億 4000 万ドル（5 万 5000 台）まで増加している。ただし，輸入の平均価格は 1 万 3000 ドルに対して，輸出の平均価格は6000 ドル（共に 21 年）しかなく，中国はよりハイエンドな製品を輸入している一方，よりローエンドな製品を輸出していることを示唆している。現状，中国企業は主にパレタイジング（梱包済みの完成品を一次的に保管をするため，パレットに積載する作業），積み下ろし，ハンドリングなどの中・低価格帯の製品に集中している。また，日本向けの輸出額・数量は約 6％前後とかなり少ない。日本企業は多くの工業製品を中国で生産し，最終財を日本へ逆輸入しているが，産業用ロボットの場合，逆輸入は非常に少ないことが分かる（図表4）。

　ダイナミックで世界一の中国市場に対応するため，国内外のロボットメーカーやサプライヤーは中国に生産工場を設立し，生産能力を継続的に増強して

図表 4　中国のロボット輸出状況

年	金額 (千ドル)	数量 (台)	価格 (千ドル／台)	日本のシェア (金額)	日本のシェア (数量)	日本の価格 (千ドル／台)
2015	144,449	11,807	12	6%	5%	14
2016	155,929	44,211	4	4%	10%	2
2017	208,517	28,300	7	3%	2%	13
2018	264,879	60,506	4	5%	5%	4
2019	240,355	105,604	2	5%	5%	2
2020	243,486	80,944	3	7%	3%	7
2021	342,087	55,466	6	6%	7%	5
2022	404,386			7%		
2023	411,907			3%		

(注)　2023 年は 1〜11 月
(出所)　Global Trade Atlas データベースと中国税関総署ウェブサイトより筆者作成

　いる。日本のサプライヤーも自社の中国工場から直接，中国市場に供給している場合が多い。外資系大手 4 社（ファナック，安川電機，ABB，KUKA）の支配力が高く，中国企業のマーケットシェアはまだまだ小さく，国際競争力も低い。このため，中国の産業用ロボットの導入は輸入と外資系企業の現地生産に依存している。2020 年に輸入と外資系企業による現地生産が 73％を占めており，約 12 万台に達している（IFR 2021）。21 年の日本，韓国，欧州などからの輸入が 7 万 6000 台（前のページの図表 3）だとすると，単純計算すれば外資系企業による現地生産 4 万 6000 台となっている。一方，中国の国内企業は約 27％，4 万 5347 台しかない。中国企業の生産能力をみると，22 年の生産台数が 2000 台以上のメーカーは，新松，新時達，埃斯頓，埃夫特，匯川技術など数社しかなく，生産規模の小さいメーカーが数多く存在している。

2．中国企業のキャッチアップ〜日本企業との比較から

　従来日本の産業用ロボット産業は高い国際競争力を有し，2022 年のロボット輸出台数は 20 万 7737 台で前年比 12％増となり，世界一であった（IFR 2023）。近年，中長期的かつ不可逆的なメガトレンドを受け世界市場の拡大も想定される中，同様に高い国際競争力を有する欧州に加えて，中国も「中国製造 2025」を掲げ官民一体で急速なキャッチアップを進めるなど，各国で国際

競争力強化に向けた取組みが進んでいる。日本ロボット工業会（2023a）は，中国は「中国製造 2025」の政策の下で内製化率を高めると同時に輸出力も強化していることで，日本のロボット産業にとっての脅威となりつつあると指摘している。

　ここでは，ロボット産業における代表的なメーカー 7 社（中国企業 5 社，日本企業 2 社）のパフォーマンスを比較し，中国企業が日本企業にどの程度キャッチアップしているのかを検証する。具体的には，2018 年の産業用ロボットの生産台数が 2000 台以上だった中国企業 4 社（新松[3]，新時達[4]，埃斯頓[5]，埃夫特[6]）ならびに 22 年に中国企業のうち生産台数第 2 位に成長してきた匯川技術[7] に焦点を当てる。比較の対象はこの分野の世界的なリーダーである安川電機とファナックとする。これらの企業はいずれも上場企業であり，各企業の財務データは，Orbis データベース[8] より取得した。2012 年から 22 年まで各企業の売上高成長率，研究開発（R&D）集約度，労働生産性，売上高利益率などの変数を用いて分析する。

2.1　中国企業 5 社のプロファイル

　以下では，中国企業 5 社はどのような企業なのか簡単に紹介したい。

　新松は中国科学院瀋陽自動化研究所発のスタートアップ企業として 2000 年に設立された，ロボット技術とインテリジェント・ソリューションを中核とするハイテク上場企業である。同社は中国のロボット産業化拠点として，産業用ロボット，移動ロボット，特殊ロボットという 3 つのコア製品と，溶接自動化，組立自動化，物流自動化という 3 つの応用技術を有している。遼寧省瀋陽市に本社を置き，瀋陽のほか上海，青島，天津，無錫市などに生産拠点を持っている。積極的に国際市場も開拓し，シンガポールやタイ，マレーシア，ドイツなどに海外支店を設立しており，製品を世界中の 40 以上の国と地域に輸出

3　瀋陽新松機器人自動化股份有限公司，SIASUN Robot & Automation Co., LTD

4　上海新時達電気股份有限公司，Shanghai STEP Electric Corporation

5　南京埃斯頓自動化股份有限公司，ESTUN Automation Co., Ltd.

6　挨夫特智能装装備股份有限公司，EFFORT Intelligent Equipment Co., Ltd.

7　蘇州匯川技術有限公司，Inovance Group

8　https://www.bvdinfo.com/ja-jp/our-products/data/international/orbis

している。

　新時達は1995年に設立され，2010年に深圳証券取引所に上場した。中国国家ロボット標準化グループのメンバーで，中国ロボット産業連盟の副会長企業でもある。モーションコントロール技術を核として，サーボドライブ，可変周波数速度調整，ロボット，産業用コントローラーなどの製品に注力し，デジタル化とインテリジェンスを開発し，高品質のインテリジェント・ソリューションを提供している。また，研究開発に重点を置いており，国内では上海や深圳，西安，杭州市のほか，ドイツ，日本にも研究開発センターを設置している。23年の時点で，343件の発明特許を含む840件の特許を取得している。本社は上海。

　埃斯頓は1993年に設立され，深圳証券取引所に上場している企業である。同社はコア技術の研究開発に基づき，産業用オートメーション，産業用ロボット，インダストリアルデジタルといった3つの中核事業の育成に成功した。中国で最初にサーボシステムを独自に開発した企業として，産業オートメーション製品ラインには，あらゆる種類のサーボシステム，インバータ，PLCが含まれている。産業用ロボットは同社独自のコアコンポーネントによって開発されている。2020年には米フォーブス誌の「中国で最も革新的な企業リスト」に唯一，産業用ロボット企業として選ばれた。

　埃夫特は安徽省芜湖市政府の国有資産監督管理委員会の下で管理され，2020年に上場した企業である。産業用ロボット産業に注力するハイテク企業で，ロボットとインテリジェント・ソリューションの分野で有名な国内メーカーに徐々に成長してきた。新技術を専門とする「小巨人」企業の1つであり，中国のロボット業界のトップ10メンバーの1つでもある。ロボット工学の分野における数多くの国家科学技術プロジェクトも主導してきた。

　匯川技術は2003年に設立され上場企業であり，産業分野における自動化，デジタル化，インテリジェンスに焦点を当てている。産業オートメーション制御製品の研究開発，生産，販売に重点を置き，独自の知的財産権を持つ産業オートメーション制御技術をベースに，ハイエンド機械メーカーへのサービスを提供している。中国国内の産業オートメーション制御のトップ企業として評価され，「2022年胡潤中国民間企業トップ500」にも選ばれた。22年には研究

開発に約 22 億元（約 440 億円）を投資し，従業員数は 2 万人を超え，そのうち研究開発者は 24％を占めている。

2.2　企業パフォーマンスの日中比較

　中国企業 5 社と日本企業 2 社のパフォーマンス（売上高成長率，R&D 集約度，労働生産性，売上高利益率）を比較したところ，以下のことが明らかになった。

　まず，機械産業として産業用ロボットの売上高成長率の変動が非常に大きいが，中国企業は日本企業と比較して，近年の売上高成長率が非常に高い（図表5）。2013〜2022 年の 10 年間の売上高成長率の平均は新松が 12％，新時達が16％，埃斯頓が 30％，埃夫特が 11％，匯川技術が 35％となっている。特に，匯川と埃斯頓が高い。その背景には，やはり急速に拡大している中国市場があることが窺える。一方，日本企業の売上高成長率は安川電機が 3％，ファナックが 4％しかない。今後日本企業が中国市場での事業活動を大いに拡大する余地があると見られる。

　次に中国企業は全体として R&D 集約度が高く，すでに日本企業と同じレベルか上回っている（図表6）。2012 年から 22 年までの間の集約度の平均は，新松が 6％，新時達が 6.5％，埃斯頓が 8.4％，埃夫特が 6.7％，匯川技術が 10％

図表 5　中国企業のキャッチアップ：売上高成長率（％）

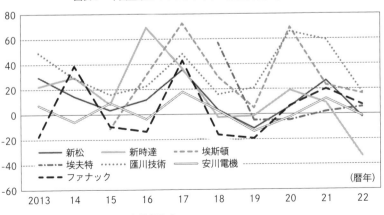

（出所）Orbis データベースより筆者作成

図表6　中国企業のキャッチアップ：R&D 集約度（%）

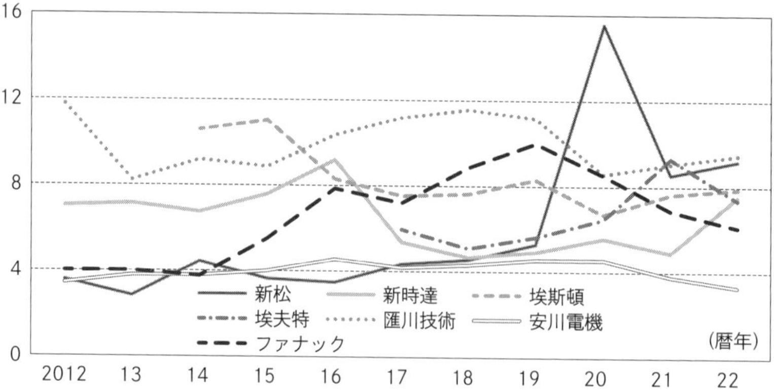

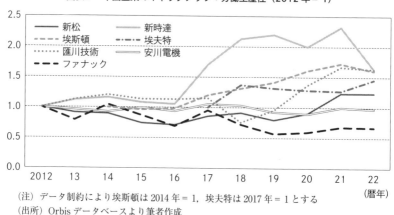

（出所）Orbis データベースより筆者作成

となっている。一方，日本企業の安川電機が4.1%，ファナックが6.6%となっている。R&D 投資がイノベーション活動の中心的な役割を担っているため，長期的にみれば，その蓄積が中国企業のキャッチアップに寄与する可能性がある。

　2012年を1として，中国企業と日本企業の労働生産性（売上高／従業者数）上昇率を比較してみると，中国企業は日本企業を大きく上回っている（図表

図表7　中国企業のキャッチアップ：労働生産性（2012 年＝1）

（注）データ制約により埃斯頓は 2014 年＝1，埃夫特は 2017 年＝1 とする
（出所）Orbis データベースより筆者作成

7）。22 年は 12 年に比して中国企業の労働生産性が約 1.5 倍高くなっていることに対して，日本企業の労働生産性成長率はほぼゼロ（安川電機）かマイナス（ファナック）となっている。

　ただし，日本企業と比較して中国企業の労働生産性のレベルはまだまだ低い水準に留まっている（図表 8）。2022 年の労働生産性（1000 ドル／人）をみると，新松が 138，新時達が 169，埃斯頓が 155，埃夫特が 145，匯川技術が 166 となっている。興味深いのは，国有企業である新松と埃夫特の生産性が一番低い。国有企業の生産性が低いことはすでに多くの研究で示された通りである。一方，日本企業をみると，22 年に安川電機が 315，ファナックが 677 となっている。単純に計算すると，安川電機の労働生産性は中国企業の労働生産性の平均の約 2 倍，ファナックは中国企業の約 4.3 倍も高い。生産性のレベルに関しては，両者の間に依然として大きな差があり，中国企業はまだまだ日本企業に及ばない。

　生産性（レベル）と同様に，中国企業の売上高利益率は，日本企業と比較して低い（図表 9）。2012 年から 22 年までの間の売上高利益率の平均は，安川電機が 9％，ファナックが 32％に対して，新松が 13％，新時達が 7％，埃斯頓が 8％，埃夫特はマイナス 11％，匯川技術が 26％となっている。ここでも，国有企業である新松と埃夫特の売上高利益率は，民間企業より低い。埃夫特は 17

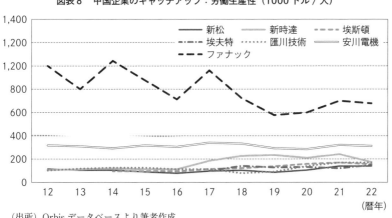

図表 8　中国企業のキャッチアップ：労働生産性（1000 ドル／人）

（出所）Orbis データベースより筆者作成

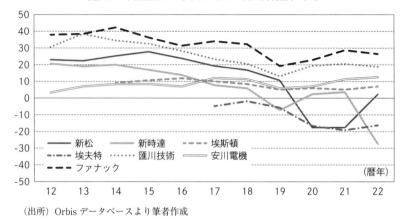

図表9　中国企業のキャッチアップ：売上高利益率（％）

（出所）Orbis データベースより筆者作成

年から22年までの6年間一貫して赤字が続いているにも関わらず，生産活動を続けている。これはやはり地方政府の支援があったからできることを示唆している。なお，12年から22年まで安川電機以外，ロボットメーカー全体として利益率が低下してきており，ロボット産業における市場競争が激化していることを示唆している。

　図表5〜9の結果をまとめると，近年中国企業の売上高成長率や労働生産性成長率が高く，R&D集約度も非常に高くなっており，日本企業へのキャッチアップが進んでいることが分かる。しかし，中国企業（特に国有企業）の労働生産性と売上高利益率は，日本企業と比較して，まだまだ低い水準に留まっていることも明らかになった。

3．中国企業のチョークポイント
：コア技術・コア部品でも国産化が進む

　中国企業によるキャッチアップが進んでいるが，産業用ロボット用のコア技術・コア部品に関してはまだまだ日本企業に劣る。産業用ロボットのサプライチェーンは，上流の部素材，中流の産業用ロボット本体のメーカー，下流のロボット・システムインテグレータ（Sler）となっている。

　上流の部素材は，CNC（Computer Numerical Control：コンピュータ数値制御），サーボ機構（サーボモーター，サーボアンプ），減速機，PLC（Programmable Logic Controller：プログラマブルロジックコントローラ）といった制御関連機器を含む[9]。制御関連機器は，産業用ロボットの精密な動作の実現に不可欠であり，これらの性能を大きく左右する，競争力の源泉とも言える物資である。それに加え，ボールねじ，リニアガイド・リニアスケール，スピンドル，鋳物部品といった専用部素材がある。

　中流は，主に産業用ロボットの本体，関節，アーム・手首，アクチュエータの製作を行う。下流は，ロボット・システムインテグレータ，つまり，ロボットを使用した機械システムの導入提案や設計，組立などを行う事業者である。具体的には，ロボットの導入を検討する企業の現場課題を分析し，最適なロボットシステムを構築するために，様々な機械装置や部品などから必要なものを選別し，システムとして統合する。

　産業用ロボットの生産において，CNC，減速機，サーボ機構，PLCなどの上流部素材が総コストの60％以上と最も高いコストシェアを占めていると言われている。制御関連機器の日本企業による世界シェアをみると，CNCは65％（2017年），PLCは37％（2017年）と非常に高い。また，2019年の主要メーカーによる世界シェアをみると，サーボ機構については日本企業が世界1位（16％）及び4位（12％），減速機については世界1位（41％），2位（28％），3位（7％）及び5位（5％）となっている（経済産業省2023）。

　官民一体で急速なキャッチアップを進める中国では，精密減速機やコントローラー，サーボ機構などの上流部素材はまだ輸入や外資系企業の現地生産に大きく依存しており，国産化のカギとなっている。このため上場企業を中心に，産業用ロボットのサプライチェーンの各分野で関連企業が設立されている（図表10）。例えば埃斯頓は，減速機を除きすべて自社製の製品を採用しており，新松もフル産業チェーンに展開し，減速機は外注，モーターは自社で作り

　9　CNCは産業用ロボットによる加工や組立に必要となる情報を演算し数値情報に換算して制御指示を行い，サーボ機構において当該情報を基に必要な出力に変換し実際の駆動を行い，減速機はモーターと組み合わせることでより大きなトルク（力）を生み出す。PLCは，産業用ロボットが組み込まれた生産ラインや工場全体としての同時・連続での動作を円滑に行うための演算と制御指示を行う。

図表 10　中国のロボット産業のサプライチェーン

上流	国産・内資企業	輸入・外資企業
減速機	秦川機床　双環伝動　緑的諧波	Nabtesco　住友重機械工業　SPINEA
サーボ機構	匯川技術　新時達　埃斯頓	安川電機　台達　三菱
コントローラ	新松　新時達　華数　埃斯頓	ABB　安川電機　クカ　ファナック
中流		
ロボット本体	埃斯頓　匯川技術　新松　埃夫特 新時達	ABB　安川電機　クカ　ファナック
下流		
システム インテグレータ	新松　埃夫特　華数　博実　埃斯頓 三豊智能	ABB　安川電機　クカ　ファナック シーメンス

（出所）各種資料より筆者作成

始めている。

　産業用ロボット用の精密減速機の国内市場における国内メーカーのシェアは2014年の11％から18年には28％に増加したという調査結果もある[10]。コア技術に関連して，近年中国企業（新松，新時達，埃斯頓，埃夫特）の特許申請件数は増加しており，その技術は日本企業（安川電機，ファナック）に接近しつつ，差別化を通じた技術蓄積も進んでいることが指摘されている（Kimura et al. 2022）。

4．産業政策の効果

　中国政府は積極的に産業政策を駆使して，産業用ロボットの開発・生産・導入を推進している。2015年に発表された「中国製造2025」では，高度なCNC工作機械や産業用ロボットが重点10産業の1つに認定されたほか，16年には「ロボット産業発展計画（2016〜20年）」が打ち出され，ロボット産業に対する様々な金融支援や財政税制優遇政策が実施されてきた。

10　国立研究開発法人新エネルギー・産業技術総合開発機構北京事務所「中国のロボット産業の動向」。

4.1　生産台数，売上高成長率の目標は達成

　産業政策のビジョンとしては，2025年をめどに中国は世界のロボット技術イノベーションの基地，先端製造・応用の集積地を目指すとともに，35年をめどにロボット産業の実力を世界トップレベルにするとしている。21年に始まった新しい「ロボット産業発展計画（2021〜25年）」においては，①国家重大科技プロジェクト，国家重点R&D計画におけるロボットR&D・応用の支援，②政府調達によるロボットの創新・応用の促進，③R&D投資に対する減免税，④産業基金の積極的な投入，ロボットメーカーが株式上場に向けての支援，⑤「産融合作」（重点企業・重点プロジェクトへの融資）実験都市におけるロボットメーカーへの投資・融資の奨励——などの支援策が強化されている。

　例えば，工業情報化省の傘下にある「国家産融合作プラットフォーム」[11]には2023年5月の時点で，ロボット分野に関連する348社が参加し，延べ105社に対して約46億1700万元が融資されたと報告されている。

　「中国製造2025」と「ロボット産業発展計画（2016〜20年）」では，2020年までに産業用ロボットの年間生産台数が10万台，ロボット密度は製造業従業員1万人当たり150台という目標を設定した。さらに，新しい「ロボット産業発展計画（2021〜25年）」では，25年までにロボット営業収入の年平均成長率が20％以上，導入密度が246台という目標を掲げた。実際，先述した通り21年のロボット密度はすでに322台に達し，22年のロボット生産台数が44万台も越えた。さらに，図表5で示したように，新松など中国企業5社の売上高成長率は平均で20％以上だったため，これらの目標はすでに達成されたことになる。

　一方で自主ブランド・国産コア部品の国内市場占有率に関しては，「中国製造2025」と「ロボット産業発展計画」では，2020年に50％，25年に70％にするという非常に高い目標を掲げた。しかし，15〜20年の実績をみると，国内市場占有率は20％台前後しかなく，25年に目標達成するのは不可能である。

11　https://crpt.miit.gov.cn/#/home

4.2　補助金の効果

　近年，中国における産業補助金の件数と金額が急増し，2019年に97%の製造業上場企業が少なくとも1件の補助金を受けており，補助金集約度（補助金が売上高に占める割合）の平均は1.8%に達している（張 2021）。ここで重要なのは，生産雇用・貿易投資のための補助金よりR&D・特許などのイノベーション活動に向けた補助金が多いことだ。張（2021）は，製造業上場企業を対象とする約25万件の補助金の詳細なデータを用いて，補助金とR&D投資・特許出願などとの因果関係を定量的に分析した。具体的には，「中国製造2025」の効果について差の差推定（difference-in-differences：DID）[12]を行った結果，「中国製造2025」関連の補助金を受けていない企業に比べて，補助金を受けている企業は2015年以降，R&D投資が14.9%，特許の出願件数が18.3%，登録件数は24.9%，それぞれ増加していることが明らかになった。こうした結果は「中国製造2025」をはじめとする産業政策・補助金が中国企業のイノベーション活動の拡大に対して一定の効果があったことを示唆している。ただし，補助金が中国企業の設備投資や売上高を拡大させるものの，生産性への効果は非常に限定的であることも明らかになった。

　ここでは，同じ補助金データを用いてロボット産業の産業政策の効果を考察したい。分析にあたって，WIND中国上場企業データベースの中にある補助金データベースを利用した。ここでの補助金は上場企業の年次報告書に記載されている政府補助金のことである[13]。各企業は毎年，中央や地方政府から受け取る様々な補助金について，各補助金プロジェクトの金額，名称及びその内容（どこから，何のためなど）を報告している。

　「産業用ロボット」をキーワードとして補助金データベースを検索したところ，産業用ロボット関連の補助金の件数は，2015年には41件しかなかったが22年には394件に増加し，補助金の総額も12年の7000万元から22年には2億2000万元に増加した。「産業用ロボット」に加え，「CNC」，「PLC」，「減速

12　差の差推定法とは，時間を通じた変化（差）が，政策導入の有無によって異なる（差がある）かを見ることで政策の効果を調べる方法のことである。

13　補助金は，中央政府もしくは地方政府が現金を含む財産を直接，無償で企業に提供したものである。上場企業の場合，2006年の企業会計準則の改訂以降，政府補助は，企業会計準則にしたがって計上されることになった。

機」,「サーボ機構」,「コントローラ」,「自動化」をキーワードとして補助金データベースを検索したところ,補助金の件数は 15 年の 206 件から 22 年には 861 件に増加し,補助金の総額は 12 年の 2 億 1000 万元から 22 年には 4 億 7000 万元に増加した。

図表 11 はロボット上場企業 5 社に対する産業補助金と補助金集約度の推移を示したものである。各企業がロボット関連の補助金以外,様々な名目で補助金を受けているが,ここでは補助金の全体を見ている。補助金は合計の金額,補助金集約度は平均である[14]。補助金は急速に増加しており,2012 年は 1 億 7000 万元だったが,22 年には 15 億元に達している。補助金集約度には増加傾向は無く,「中国製造 2025」が発表された 2015 年にピークの 6.6％に達し,その前後は 4～5％前後で推移している。また,図表で示していないが,国有企業である新松と埃夫特の補助金集約度が他の民間企業 3 社より約 2％ポイント高く,この分野でもやはり国有企業が優遇されていることが分かる。

では,産業補助金は中国企業のキャッチアップに寄与しているのか。ロボット産業に関連する企業数とサンプルサイズが小さいため,因果関係を検証するのはなかなか困難である。ここでは,2012～22 年の中国企業 5 社のパフォー

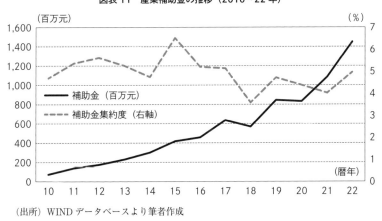

図表 11　産業補助金の推移（2010～22 年）

（出所）WIND データベースより筆者作成

14　埃斯頓は 2014 年からのデータ,埃夫特は 20 年からのデータしかない。

図表 12　補助金と企業パフォーマンス指標との相関係数

	売上高成長率	R&D 集約度	労働生産性	売上高利益率	補助金集約度
売上高成長率	1				
R&D 集約度	0.05	1			
労働生産性	−0.07	−0.19	1		
売上高利益率	0.40 *	−0.06	−0.36 *	1	
補助金集約度	−0.10	0.19	−0.54 *	0.21	1

(注) 2012〜2022 年中国企業 5 社。＊は 1％水準で統計的に有意であることを示す
(出所) Orbis データベースと WIND データベースより筆者作成

マンス指標と補助金集約度の相関関係を示す（図表 12）。これによると，補助金は売上高成長率や労働生産性と負の相関がある。特に労働生産性との負の相関が高く（−0.54），しかも 1％水準で統計的に有意であり，補助金は生産性の低い企業（新松などの国有企業）に配分され，補助金の資源配分に歪みがあることを示唆している。一方，統計的に有意ではないが，補助金と R&D 集約度の間に正の相関があり，補助金が企業のイノベーション活動に投入される可能性があると考えられる。さらに，こちらも統計的に有意ではないが，補助金と売上高利益率の間にも正の相関があり，補助金が必ずしも赤字補填のために支給されているとは限らないことを示している。しかし，現状，補助金は大きな効果があったとは言えない。

5．おわりに

　近年，中国における産業用ロボット市場が急速に拡大し，年間設置台数と稼働台数ともに世界一になった。しかし，産業用ロボットの導入は輸入と外資系企業の現地生産に大きく依存しており，中国企業のマーケットシェアと国際競争力はまだ低い。とはいえ，中国企業による日本企業へのキャッチアップも進んでいる。労働生産性のレベルや売上高利益率に関して中国企業は，日本企業と比較してまだまだ低いが，労働生産性成長率，売上高成長率，R&D 集約度に関しては，中国企業はすでに日本企業と同じレベルまで達しているか上回っている。また，比較的にローエンドな製品ではあるが，中国のロボット輸出も

急速に増加している。

　産業用ロボットのコア技術・コア部品の国産化率や市場占有率はまだ低く，日本企業を含む外資系企業に依存している。ただ，上場企業を中心に，コア技術や部品を含む産業用ロボットのサプライチェーンの構築が着実に進んでいる。短期的には，中国企業は日本企業を越える可能性はないが，長期的には，中国企業の国際競争力が高まり，日本企業に追い付く可能性は否定できない。

　2015年より中国政府は，「中国製造2025」や「ロボット産業発展計画」を実施し，中国企業によるロボットのR&D・製造から導入まで積極的に支援を行っている。産業補助金が中国企業のイノベーション活動を促進する可能性がある一方，補助金が生産性の低い国有企業にも配分されてしまい，全体として補助金の効果は限定的であり，産業政策の課題として残されている。

　2023年1月より「ロボット＋応用行動実施方案」が実施された。同方案は，25年までに産業用ロボット密度を20年の2倍まで拡大させること，製造業以外ではサービスロボットおよび特殊ロボットの農業や建設，エネルギー，物流，医療，介護，教育，商業，安全・応急等の分野への応用を大幅に拡大させることを目標としている。引き続き中国のロボット市場とロボット産業・企業の成長が期待される。

参考文献

（日本語）

経済産業省（2023）『工作機械及び産業用ロボットに係る安定供給確保を図るための取組方針』2023年1月

張紅詠（2021）「中国の産業補助金と上場企業のイノベーション活動―ミクロデータ分析―」RIETI Discussion Paper Series 21-J-052, 2021年12月

日本ロボット工業会（2023a）『ロボット産業ビジョン2050』2023年5月

日本ロボット工業会（2023b）『ロボット産業需給動向2023年版』2023年8月

（中国語）

程虹・陈文津・李唐（2018）机器人在中国现状，未来与影响－来自中国企业－劳动力匹配调查（CESS）的经验证据，《宏观质量研究》第6卷第3期

（英語）

Cheng, H., R. Jia, D. Li and H. Li (2019), "The rise of robots in China," *Journal of Economic Perspectives*, 33 (2): 71-88

International Federation of Robotics (2021), World Robotics 2021

International Federation of Robotics (2022), World Robotics 2022

International Federation of Robotics (2023), World Robotics 2023

Kimura, K., H. Matsui, K. Motohashi, S. Kaida and S. Janthorn (2022), "Competition and technology position: the case of China's industrial robotics industry," IDE Discussion Paper 834

第6章

世界を先導する再生可能エネルギー産業
──日中協力を如何に進めるべきか

長岡技術科学大学大学院 情報・経営システム系 教授
李　志東

◉ポイント

▶中国は，再生可能エネルギー（再エネ）がエネルギー安全保障，大気汚染防止，産業振興，脱炭素社会構築などに欠かせないとして，その開発を戦略的に推進している。具体的には，法整備と共に，補助金給付，固定価格買取り（FIT）などの支援措置から消費目標規制とグリーン証書取引制度など市場志向対策への転換，発送電分離を中心とする電力システム改革などに取り組んできた。

▶その結果，中国では再エネ電源の導入が急速に進み，導入量は世界最大となった。同時に，再エネ産業の国際競争力を高め，世界の太陽光発電（PV）パネルの8割，風力発電装置の5割を供給している。中国抜きにして，2030年に世界の再エネ電源を3倍にするCOP28の目標の実現を語れない状況である。

▶日中両国は，建材と一体化した太陽光発電（BIPV），曲がる太陽電池（ペロブスカイト），再エネ発電と蓄電，グリーン水素製造，電気自動車の充放電などの分野で連携できる。第三国の再エネ開発における日中協力も大いに期待される。

◉注目データ ☞世界のPV産業チェーンにおける中国の位置づけ（2022年）

		世界計	中国	シェア（%）
シリコン	生産能力（万トン）	134.1	116.6	87.0
	生産量（万トン）	100.1	85.7	85.6
ウェハ	生産能力（GW）	664.0	650.3	97.9
	生産量（GW）	381.1	371.3	97.4
セル	生産能力（GW）	583.1	505.5	86.7
	生産量（GW）	366.1	330.6	90.3
パネル	生産能力（GW）	682.7	551.9	80.8
	生産量（GW）	347.4	294.7	84.8
PV発電容量	年間導入量（GW）	240.0	87.4	36.4
	年末稼働容量（GW）	1,047.0	392.6	37.5

（出所）IEA統計，北京日報，山西証券などの資料に基づき筆者作成

1．再エネ開発は中国の国家戦略

　中国は再生可能エネルギー（再エネ）開発を国家戦略として推進している。再エネはエネルギー安全保障，大気汚染防止，産業振興，温暖化防止などに必要不可欠と認識されているからである。特に温暖化防止は，2009年に全国人民代表大会（全人代）で気候変化への積極対応に関する決議がなされるほど，重要視されている。また，11年の日本の福島第一原子力発電所事故を契機に，原発よりも安全・安心に寄与する脱炭素電源として，再エネ開発が優先されている。

1.1　「国家高度技術研究開発計画」（863計画）で技術開発を促進

　中国では，50年以上先を見据え，国家の運命を左右しかねないような先端技術分野について，政府が国家戦略として研究開発を推進する「国家高度技術研究開発計画」（863計画）がある。1980年代における米国の「戦略防衛構想（Strategic Defense Initiative），通称「スターウォーズ計画（Star Wars Program）」，欧州共同体（EC，欧州連合の前身）加盟国を含む欧州19カ国による「欧州先端技術共同体構想（European Research Coordination Action），通称『ユーレカ計画（EUREKA)』」，日本の「科学技術政策大綱」に刺激されて，1986年11月に始まったものである。

　863計画（図表1）とは，先端技術開発において先進国に追いつくことを目的として，中国の著名科学者4人が1986年3月3日に共産党中央に進言し，その2日後に当時の最高指導者だった鄧小平氏が「本件は即座に決断すべし。遅延してはならない（中国語：此事宜速作決断，不可拖延）」と決断したことに因んで，命名されたものである。研究経費として，86年の全国財政支出の5％相当の100億元（約2000億円）が配分された。高度技術開発に掛かる中国の本気度が伺える。

　863計画は当初から7つの技術分野を対象とし，その中で，バイオ，情報などと並んで，新エネルギーも含まれている。ついでに，今は中国の電気自動車（EV）産業も世界の先頭に躍り出たが，その研究開発が新規分野として2001

図表 1　国家高度技術研究開発計画（863 計画）の主な分野

情報技術
バイオと医薬技術
新材料技術
先進製造技術
先進エネルギー技術 ・水素と燃料電池技術 ・高効率省エネと分散型エネルギー供給技術（エネ多消費産業を対象） ・石炭クリーン利用技術 ・再生可能エネルギー技術：風力，太陽エネルギー利用，バイオマスエネルギー，海洋エネルギー 　と地熱エネルギー等
資源環境技術
海洋技術

（出所）中国科学技術部 863 計画 HP 等に基づき筆者作成

年に 863 計画に追加された。

1.2　再エネ開発と利用を法制化～戦略的新興産業に

　中国では，「再エネ法」が 2005 年に制定され，09 年に改正された。その第 1 条に，この法律は，①再エネの開発と利用の促進②エネルギー供給の増加③エネルギー構造の改善④エネルギー安全保障，環境保全⑤経済社会の持続可能な発展に資することを目的とする——と明記している。主要施策として，再エネ事業者が制限なしで優先的に送電線に接続できる制度，電網事業者に再エネ電力を割高な価格で買い取るよう義務付ける固定価格買取り（FIT）制度，コスト上昇分を全国の農業向け以外の電力ユーザーに電力料金サーチャージを上乗せして吸収する「社会全体での費用負担制度」などを導入するとした。また，中国の実情を反映し，農村部での再エネ開発を支援することも規定している。

　さらに 2010 年には国務院（政府）が「戦略的新興産業の育成と発展に関する国務院決定」を公布し，育成と発展を加速させる 7 つの戦略的振興産業を指定した。その中にも太陽光発電（PV），風力発電などや新エネルギー車（NEV）[1] 産業が含まれている（図表 2）。

　1　中国では，NEV は電気自動車（BEV），プラグインハイブリッド自動車（PHEV），水素燃料電池自動車（FCV）を含む。ハイブリッド車（HV）を含まない。

図表2　国務院が 2010 年に指定した 7 つの戦略的新興産業

省エネ・環境保護
次世代情報技術
バイオ
ハイエンド設備製造
新エネルギー ・次世代原子力 ・太陽エネルギーの熱利用と太陽光発電，太陽熱発電 ・風力発電 ・新エネルギー電源導入拡大に伴うスマートグリッド等送配電関連 ・各地の実情に適したバイオマスエネルギー
新材料
新エネルギー車

（出所）国務院「戦略的新興産業の育成と発展の加速に関する決定」
に基づき筆者作成

　戦略目標として，2020 年に，再エネ産業と NEV 産業などを経済発展の先導産業に育成し，国際的に影響力のある大手企業を輩出すること，30 年前後に，技術革新能力と産業発展水準が世界トップレベルに達し，持続可能な発展を力強く支えることと明記した。産業政策として，研究開発，実装実験，産業育成などに向けた財政支援の拡大，税制上の優遇措置の導入，電力システム改革の深化，産業発展計画の作成などを行うと規定した。

1.3　脱炭素「3060 目標」達成には再エネ電源が不可欠

　炭素排出実質ゼロの実現は世界的な流れである。世界のエネルギー起源の二酸化炭素（CO_2）排出量の約 32％（2020 年）を占める，世界最大の炭素排出国の中国も例外ではない。習近平国家主席は 2020 年 9 月の国連総会で，中国が 30 年までに CO_2 排出量をピークアウトさせ，60 年までにカーボンニュートラルを目指す，脱炭素「3060 目標」を表明した。続いて，中国政府は第 26 回気候変動枠組条約締約国会議（COP26）開催直前の 21 年 10 月 28 日，「3060 目標」を公文書として国連に提出した（図表3）。中国では「3060 目標」を国家公約と位置付け，国家の威信をかけて絶対的に達成しなければならないとしている。

「3060目標」の表明にあたっては，「2020年自主行動目標」を超過達成した成功経験が裏付けになっている。中国は2010年1月，20年に国内総生産（GDP）当たりCO_2排出量（排出原単位）を05年比40〜45%削減する等の自主行動目標を国連に提出した。取り組みの結果，20年に排出原単位は05年比で48.9%減少し，上限目標をも3.9ポイント超過達成した。非化石エネルギーの比率は15.9%となり，目標を0.9ポイント超過達成した。

　また，「3060目標」の設定根拠が科学研究によって裏付けられている。2020年10月，清華大学を中心とした中国トップレベルのシンクタンク13機関が約1年半を掛けて行った「中国長期低炭素発展戦略と転換経路に関する研究」の成果が発表された（項目綜合報告編写組 2020；李 2022）。

　同研究では，①政策延長②削減促進③2℃④1.5℃——の計4つのシナリオが設定された。エネルギー起源のCO_2排出量のピークアウト時期は，①では2030年前後，②では30年より前，③では25年前後，④では25年より前と見込まれた。50年のCO_2排出量は，①では91億トン，②では62億トン，③では29億トン，④では15億トンへと低下する見込みである。特に，④では，非エネルギー起源を含むCO_2排出量は17億トンとなるが，森林等吸収量が8億トン，CCS/BECCSによる回収・貯留量が9億トンと予

図表3　中国が国際公約した温暖化防止目標の推移

	一次エネルギー消費に占める非化石エネルギーの比率			GDP当たりCO_2排出量の削減目標（2005年比）		CO_2排出量ピークアウト目標年次	GHG排出量実質ゼロ目標年次
	2020年	30年	60年	2020年	30年		
2020年自主行動計画目標（2010年公表）	15%			40〜45%減			
パリ協定に向けた2030年目標（2015年）	15%	20%		40〜45%減	60〜65%減	2030年前後	
GHG排出実質ゼロ目標（2020年）							2060年まで
2030年目標の引き上げ（2020年）		25%			65%以上減	2030年まで	2060年まで
2030年目標更新と本世紀中葉長期温室効果ガス低排出発展戦略（2021年）		25%	80%以上		65%以上減	2030年まで	2060年まで

（出所）国務院，新華社通信などの発表に基づき著者作成

測されるので，CO$_2$排出量は実質ゼロ，炭素実質排出量は非CO$_2$系の13億トンとなるとした。つまり，50年にCO$_2$排出のネットゼロ，その後10年掛けて残りの非CO$_2$系の13億トンを削減し，60年までに炭素排出のネットゼロを達成するとしたのである。

　また，同研究では，徹底的な省エネに加え，化石エネルギーを電力，水素に代替していく。「3060目標」の根拠となるケース④では，50年に最終エネルギー消費における電力化率は70％超となり，その電源確保の中心は再エネで，発電設備容量の約90％を占めると予測している。再エネ電源が炭素削減に不可欠と提言している。

　研究報告書は2020年7月に内部資料として提出された。それを踏まえて，「3060目標」は，同9月9日に開催の中央財経委員会第8回会議と国務院常務委員会で決定され，9月22日の国連総会で，習氏が国際社会に公表した。つまり，「3060目標」は，熟慮された，実現可能性の高い目標でもある。

2．再エネ開発と産業育成に向けた政府の取組み
〜PVを例とした産業政策論

　中国の再エネ法は，内容自体が他国と大きく相違しない。違うのは実効性である。中国の場合，政府が再エネ法の実行を一貫して推進し，再エネ産業を戦略的新興産業として育成している。以下では，太陽光発電（PV）を例に，政府の取組みについて検討してみる。

2.1　国際社会の支援に恵まれた初期段階でのPV開発

　中国は1958年から太陽電池の研究開発に着手し，71年に人工衛星「東方紅2号」に太陽電池を取り付けたのはPVの始まりであった。その後，PVは73年に天津港で灯台電源として使われたのを皮切りに，2008年まで主に遊牧民や遠隔の無電化地域への電力供給に利用されてきた（中国再エネプロジェクト弁公室2004）。

　その間，中国政府が1992〜2000年に「電気で貧困脱出プロジェクト」（中国語：「電力扶貧共富工程」）を，1996〜2000年に「光を灯すプロジェクト」（同

「光明工程」）を，2002〜05 年に「僻地村落に電気を送るプロジェクト」（同
「送電到郷工程」）などを展開した。

　同時に，国際社会が中国に惜しまない協力と支援を行ったことも忘れては
ならない。国連が 1996 年に中学校で，世界銀行が 99 年に小学校での PV 導入
モデル事業をそれぞれ援助した。地球環境基金（GEF）が 2250 万ドル（約 32
億円）を提供して，中国政府や世界銀行と共に「中国再生可能エネルギー発
展プロジェクト」を 2002〜07 年で展開した。また，日本が「NEDO・PV プ
ロジェクト」（1998〜2002 年）を，オランダが「シルクロード光明プロジェク
ト」（2002〜05 年）を，ドイツが「西部 PV プロジェクト」（2003〜05 年）を，
カナダが「CIDA 農村 PV プロジェクト」（2003〜05 年）を，対中国支援の政
府間事業として展開した。これら中国政府と国際社会の努力が中国の PV 関連
の技術開発，産業育成と電源開発を大きく推進した（中国再エネプロジェクト
2008）。

2.2　PV への補助金支給や FIT などの支援措置

　2006 年に再エネ法が施行してから，PV は系統連系電源として重視されるよ
うなったが，本格的な開発は売電を主目的とする大型 PV 開発，自家消費用電
力の確保を主目的とする小型分散電源としての PV 事業を推進し始めた 09 年
からである。

　石炭火力や一般水力などと比べると，PV は初期段階でコストが高い。例え
ば，2011 年における送電網へのキロワット時当たりの平均売電価格は，水力
が 0.27 元（約 5.4 円），石炭火力が 0.46 元だったのに対し，PV は 1.0 元であっ
た。市場任せでは PV 開発が進まないと判断した政府は国家能源局が中心と
なって，分散型 PV を補助金で支援する「金太陽モデル実験事業」と，公開入
札による大型 PV 開発事業を 09 年に展開し始めた。

　「実験事業」では，分散型 PV に設置コストの 50％を補助するとして，2009
〜12 年に合計 322 万 3000 キロワット（後に 5.4 万キロワット分を取り消し）
認可した。発電電力量は自家消費を主とするが，余剰分は石炭火力発電の売電
価格に準じて送電網へ売電できる。

　設置補助金を受けない分散型 PV については，2013 年から FIT が適用され

図表 4　中国の太陽光発電向け買取価格（FIT）の推移

単位：元 /kWh

	一般向け太陽光発電					貧困脱出向け太陽光発電				
	大型			分散型		大型			分散型	
	地域Ⅰ	地域Ⅱ	地域Ⅲ	全発電量	余剰電力	地域Ⅰ	地域Ⅱ	地域Ⅲ	全発電量	余剰電力
2012～13 年	1.0 ～ 1.5				所在地域の石炭火力の基準売電価格					所在地域の石炭火力の基準売電価格
14～15 年	0.90	0.95	1.00	0.42		0.90	0.95	1.00	0.42	
16 年	0.80	0.88	0.98	0.42		0.80	0.88	0.98	0.42	
17 年	0.65	0.75	0.85	0.42		0.65	0.75	0.85	0.42	
18 年 1 月 1 日～5 月 31 日	0.55	0.65	0.75	0.37		0.65	0.75	0.85	0.42	
18 年 6 月 1 日～19 年 6 月 30 日	0.50	0.60	0.70	0.32		0.65	0.75	0.85	0.42	
19 年 7 月 1 日～20 年 5 月	0.40	0.45	0.55	0.18		0.65	0.75	0.85	0.42	
20 年 6 月 1 日～12 月 31 日	0.35	0.40	0.49	0.08		0.65	0.75	0.85	0.42	
21 年	所在地域の石炭火力基準売電価格			0.03		0.65	0.75	0.85	0.42	
2022 年以降	所在地域の石炭火力基準売電価格			0.00		0.65	0.75	0.85	0.42	

（注）大型については，2019 年 6 月までは FIT 価格，7 月以降は入札の上限となる指導価格。一般向けについては，大型が 2021 年から，分散型が 2022 年から FIT を完全に撤廃。貧困脱出向け太陽光発電の 2021 年以降の FIT 価格は推定値

（出所）国家発展改革委員会，国家能源局などの資料に基づき筆者作成

始めた（図表 4）。発電電力量全量をキロワット時当たり 0.42 元，さらに余剰電力量を石炭火力発電の売電価格に準じて買取るとした。全量買取価格は 18 年から 5 回にわたって引き下げられ，22 年以降ゼロとなった。

　大型 PV の建設には補助金を与えないが FIT で支援している。買取価格は，初期のプロジェクトでは公開入札で決定されたが，2012 年からは政府が基準価格を決めるようになった。キロワット時当たりの買取価格は 12～13 年は 1～1.5 元としたが，その後，日照量に応じて設定された。買取価格は 14 年の 0.90～1.0 元から 20 年 6 月の 0.35～0.49 元へと引き下げた。買取期間は分散型と大型の何れも 20 年間と設定されている。また，大型 PV に対する FIT 制度は 2021 年に撤廃され，分散型 PV に対する発電電力量の全量買取り制度が 22 年に廃止された。日本の FIT 制度では分散型 PV に対し余剰電力だけを 10 年間買取ること，FIT 価格は日照時間などを考慮せずに全国一律にされることになっている。

2.3　貿易紛争を機に PV 産業の振興テコ入れを本格化

　日米欧など先進国と比べると，中国は PV 装置産業の後発国であった。一方，国内での PV 開発と産業育成の本格化，EU 諸国での FIT 導入などに伴う世界の PV 市場の拡大を機に，中国は急成長を成し遂げた。米国，日本，そしてドイツに取って代わり，世界最大の PV パネル生産国となった中国は，2010年代前半に欧米などとの間で貿易紛争が起きた。

　米国は 2011 年 11 月に，中国の PV 企業に対する反ダンピング・反補助金調査を開始し，12 年 11 月に，中国製品に対して 18.32％〜 249.96％の反ダンピング関税と 14.78〜15.97％の反補助金関税を課すことを決定した。一方，EU は 12 年 9 月と 11 月に，中国企業に対する反ダンピング調査と反補助金調査をそれぞれ開始したが，中国と EU が交渉した結果，13 年 7 月に，EU 向け輸出に 0.56 ユーロ / キロワットの下限価格を付けること，下限価格での輸出総量が年間 7 ギガワットに制限することに合意した。12 月に，EU は下限価格を下回る場合，47.7〜64.9％のダブル・アンチ関税を課すと決定した。

　そうした中，政府が 2012 年に，国内の PV 開発の加速と産業育成の強化を図る中期計画を作成した。さらに，13 年 7 月 15 日には「PV 産業の健全な発展の促進に関する若干意見」（意見）が公表され，商務省も 18 日に「米国製と韓国製の PV 向け多結晶シリコンの輸入に対する反ダンピング関税に関する仮決定公告」を発表した。政府は国内と対外貿易の両面から PV 産業の振興テコ入れに乗り出した。

　「意見」では，国内市場の拡大と同時に，陳腐設備の淘汰や産業再編と技術開発の加速を図り，需要と供給の双方から産業の健全な発展を促進するとした。2013〜15 年における太陽光発電の国内の年間新規導入量を 10 ギガワットとし，15 年の設備容量目標を従来の 20 ギガワットから 35 ギガワットへ引き上げる。一方，生産能力の新設・増設は投資認可の前提条件として①多結晶シリコン製造の電力消費原単位を 100 キロワット時 / キログラム以下に抑える②単結晶シリコン型，多結晶シリコン型，薄膜型の太陽電池の実効変換効率（セル全体の面積から求められる効率）をそれぞれ 20％以上，18％以上，12％以上に高める——とした。具体策として，分散型太陽光発電の促進，FIT 制度の健全化，電力賦課金の確保と発電事業者への迅速かつ満額支給，財政・税

制・土地利用政策と金融政策の活用を明記した。

　一方，「仮決定公告」では，米国と韓国が中国に多結晶シリコンを不当に安く輸出して中国企業に実質的損害を与えていると認定。その上で，米国製に53.3〜57%，韓国製に2.4〜48.7%の反ダンピング関税を課し，7月24日より実行すると決定した。中国で欧米等が慣用する懲罰関税を太陽光産業に適用したのは，初めてである。

2.4　貧困脱出向け PV 補助事業（光伏扶貧）の展開とトップランナー計画の実施

　2015年から，新たな対策として，中央と地方政府が貧困地域を対象に，分散型 PV に70〜100%，大型 PV に40%以上の初期投資額補助を行う「PV による貧困脱出プロジェクト」を展開した。貧困世帯は0%ないし低利融資で最大30%を負担する。また，企業が貧困世帯の代わりに最大30%を負担し，PV 売電収入で償還してもらう場合，貧困世帯の実質投資はゼロとなる。張（2023）によると，同プロジェクトは22年までに，貧困村6万カ所，貧困世帯415万戸を対象に実施され，導入された PV 設備容量は2636万キロワットに達し，年間約180億元の売電収入，約125万人の雇用をもたらしている。

　同時に，技術進歩とコスト低減を主目的に「PV 開発トップランナー計画」も実施した。選定されたトップランナー基地で2015年に100万キロワット，16年に550万キロワット，17年に800万キロワットのプロジェクトを建設した結果，キロワット時当たりの売電単価が FIT 価格0.65〜0.85元を大幅に下回る0.45〜0.61元へと低下した。

2.5　再エネ電源開発の阻害要因を取り除く電力システム改革

　PV や風力発電は日照や風況に影響される変動電源である。「無風の熱帯夜」になると，冷房需要が急増するが，風力も PV も役に立たない。それに加え，発電コストが高いならば，送配電事業者が買いたがらない。さらに，送配電事業者が発電所を持っている場合，優先的に自社の電力を使い，自社以外の変動電源の電力を抑制することは理に適う。だから，変動電源開発を促進するためには，阻害要因を取り除く電力システム改革が必要である。ドイツなど再エネ

開発先進国の経験であり，日本も中国も例外ではない。

　中国では，発電と送配電事業は1996年まで電力工業省が統括して国営企業によって行われた。しかし，このような電力システムは急増する電力需要や再エネ開発を効率的に対応できなかったため，改革が必要となり，断行された。まず，国務院が1997年に「政企分離（行政機能と企業機能の分離）」の改革を断行し，発電，送配電事業の経営権を新設した国有企業の国家電力公司に与えた。そして，2002年に独占経営の打破を主目的とする2回目の改革では，国家電力公司を解体し，送配電事業を国家電網公司と南方電網公司の2社に，発電事業を華能，大唐，華電，国電，電力投資の5集団公司に，設計・建設事業を電力工程顧問，水電工程顧問，水利水電建設，葛洲壩の4集団公司に分割した。

　2回目の改革は，発送電分離の実現，発電端への競争メカニズムの導入などを通じて，電力の安定供給に寄与した。一方，送配電と卸売・小売の売電事業は実質的に国家電網と南方電網の2社に独占され，電力料金は政府規制が中心となっていた。そのため，送配電事業者は割高な変動電源電力を買いたがらず，出力抑制問題，電力料金が需給ギャップ，再エネ電力の環境価値や柔軟性電力の調整力価値などを十分に反映できない問題等が発生した。

　そこで，国務院は2015年に3回目の電力システム改革を断行した（国務院2015）。①送配電事業者以外の企業も配電と卸売・小売事業に参入できる電力取引の自由化②工業と商業向けの電力料金の自由化③送配電企業の送配電事業収入方式を従来の「売買価格差」方式（売電価格から受電価格を引いた差額）から「政府査定コスト＋適正利益」で決定される電力託送料金方式に改めたこと④送配電企業の買電順序として，第1に水力を除く再エネ電力，第2に水力，第3に原子力，第4に高効率・超低排出火力と明記したこと（国家発展改革委員会 2015）――が，注目すべきポイントである。

　特に③は送配電事業者が割高な変動電源電力を仕入れてもその他電力と同額の託送料収入を得るので，変動電源電力を抑制する理由がなくなった。④はPVや風力発電などを優先的に買わなければならないと明記しているので，変動電源電力を抑制できなくなった。つまり，3回目の改革は，変動電源開発の阻害要因を取り除く総仕上げの改革であった（図表5）。

図表5 中国電力システム改革の推移（暦年）

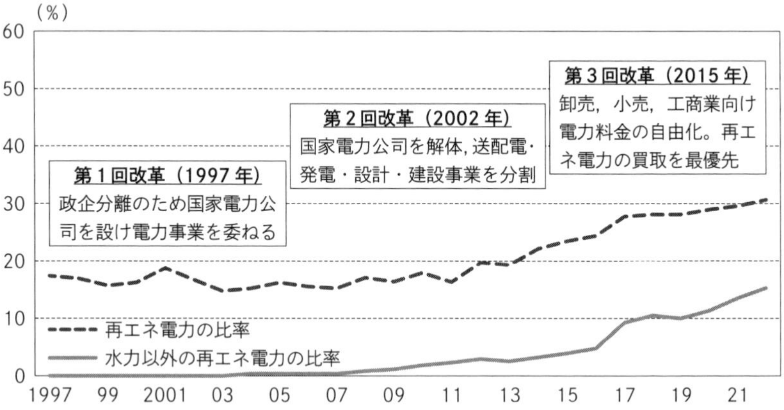

（出所）中国電力企業連合会統計，国務院と国家発展改革委員会 HP などに基づき筆者作成

2.6 再エネ電力全量買取り制度の確立

　国家発展改革委員会が 2016 年 3 月，「再エネ電力全量買取りに関する管理方法」を公表し，その 2 カ月後の 5 月に国家能源局と共同で，実施細則とも言うべき「風力・太陽光発電全量買取りの着実な実施に関する通知」（通知）を発出した。再エネ全量買取り制度を規定した「再エネ法」施行から「管理方法」公表まで約 10 年も掛かったのに比べ，実施細則の作成は異例の速さである。何故なのか？　国家能源局によると，2016 年第 1 四半期の風力発電の平均出力抑制率は前年同期比 7 ポイント高い 26％までに悪化した。出力抑制は再エネ開発の最大の阻害要因となった。全量買取り制度を守らなければという強い危機感が政府を動かしたのであろう。

　「通知」では，出力抑制のある電力移出地域を対象に，地域毎のキロワット当たり年間保障買取り時間数を設定した。年間保障買取り時間数は，PV 開発の 32 地域に対し，最小 1300 時間（東北 3 省等）から最大 1500 時間（寧夏自治区等）とした。送配電事業者は保障時間数の電力量を FIT 価格で買取る責任を負い，買取り量が保障買取り電力量に達さない場合，発電事業者にその差額分を全額補償しなければならないと明記した。これにより，発電事業者に 8％の内部収益率が保障されることになる。一方，地元景気の下振れ圧力に対応する投資手段として再エネ発電所建設を推進する地方政府に対し，送配電事

業者による買取り量が保障買取り電力量に達さない場合，計画済みや建設許可済み分を含む風力と太陽光発電所の新規着工を禁止するとした。さらに，行政監督の強化を図るとして，国家能源局の地方駐在機関が地方政府と連携して，規定違反者の摘発，処分を行い，その結果を逐次国家発展改革委員会と国家能源局に報告するとした。また，保障買取り時間数が設定されていない地域では，送配電事業者はFIT価格で全量買取りをしなければならずと明記した。

　これらの規定は直ちに実効性を発揮した。例えば，国家能源局が2016年6月に「16年PV開発実施方案」を公表した。当年の大型PV新規建設規模を1810万キロワット以上とし，規定遵守の河北省等に100万キロワット（最多），福建省等に20万キロワット（最少）を割当てたが，規定違反の甘粛省や新疆自治区と雲南省には割り当てを与えなかった。一方，今後も出力抑制が発生しないことを前提に，北京・上海・天津・重慶の4直轄市，海南省とチベット自治区に対して新規建設規模の上限を設けなかった。このように，実行可能な制度設計と厳格な実施により，再エネ電力の全量買取りの実施体制が着実に改善された。

2.7　スマートグリッド，特高圧送電網の整備強化

　中国では，電力需要は人口が多く，経済発展も進んでいる東部地域に集中するが，大型陸上風力やPV開発に適しているのは資源豊富な新疆ウイグル自治区や青海省等の西北地域や東北地域である。西北や東北地域で開発された再エネ電力は，域内で消費しきれず，域外に送電する必要がある。2010年代半ばまで，変動電源の出力抑制問題を深刻化させた原因の1つは，長距離・大容量・低コストを特徴とする超超高圧（UHV）を含む送電網の整備が電源開発に対して遅れていたことである。出力抑制問題の解決に当たって，国土面積の広い中国が特に重視しているのは，特高圧（交流≧1000キロボルト，直流電圧≧800キロボルト）送電網の整備である。

　政府は「第12次5カ年計画（2011〜15年）」で，大容量長距離送電の能力増強と再エネ電力系統連系の容量拡大を図り，スマートグリッド（SG）整備を推進すると表明した。それを受けて，科学技術省が2012年3月に「SG重大科学技術産業化プロジェクト第12次5カ年計画」を作成し，出力不安定電源

の系統連系や大規模蓄電等関連技術の開発と産業化を後押しした。さらに，15年7月，国家発展改革委員会と国家能源局が共同で「SGの発展促進に関する指導的意見」を公表した。

「意見」では，2020年の目標として，安全で信頼できる，開放的で地域間に融通性を持ち，電力供需の双方向連携が可能な，効率的・経済的かつ環境にやさしいSGの初歩的完成を目指すと設定した。変動電源の利用拡大，安定した電圧・電流を効率よく確実に送配電できる制御能力の向上，NEVの充電と蓄電池による電力供給にも対応可能な双方向連携能力の強化，国際競争力のあるSG関連装置産業の育成を促すとした。

政府の後押しを受け，国家電網と南方電網を中心にSG整備が加速した。35キロボルト以上の送電線延べ距離は2015年の169万7000キロメートルから21年には222万8000キロメートルに延長した。特に特高圧送電網の整備が目覚ましい。総延長は15年の1万3694キロメートルから21年に2.3倍増の4万5225キロメートルに達した（図表6）。こうした総合対策により出力抑制率は，風力発電が20年以降は3%台，PVが2%以下に低下した。

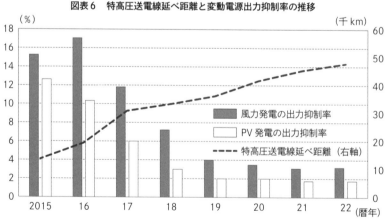

図表6　特高圧送電線延べ距離と変動電源出力抑制率の推移

（出所）中国電力企業連合会統計に基づき筆者作成。ただし，2022年の特高圧送電線延べ距離は推定

2.8　支援偏重型対策からの脱却と 2018 年「5.31 新政」

　補助金付与や FIT 導入は，中国だけではなく，国際的にも有効とされる再エネ発電開発対策である。一方，このような支援偏重型対策は，財源不足問題等を引き起こしやすいことや競争を阻害する等と指摘されている。再エネ電力の買取価格が既存電源より高く，導入量も急増したため，電力料金に上乗せする再エネ賦課金単価は 2006 年の 1000 キロワット時当たり 1 元から 16 年に 19 元へ上昇した。また，開発コスト補填用の資金需要量が調達量を超え，資金不足額は 18 年までに 1400 億元に上ると推定された。

　これら支援偏重型対策の問題を解決しつつ，再エネ開発を促進するために，中国は市場メカニズム活用型対策の整備を図り始めた。PV については，国家発展改革委員会等 3 省庁が 2018 年 5 月 31 日に「5.31 新政」と呼ばれている「18 年 PV 太陽光発電関連事項の通知」を発出し，主に 3 つの側面から政策変更を規定した。

　1 つは FIT の適用対象となる PV の新規開発規模に関する管理強化である。2018 年には，大型 PV の新設を暫く認可しない，分散型 PV の開発規模を 1000 万キロワットに限定するとした。一方，「貧困脱出プロジェクト」については支持し，技術進歩とコスト低減の促進を目的とする「トップランナー」については計画的に推進し，地方政府が独自な政策と責任で行う，FIT の適用対象外の太陽光発電開発については推奨するとした。

　もう 1 つは，買取価格メカニズムの健全化と FIT 価格引き下げの加速を図ることである（前掲図表 4 を参照）。2018 年 6 月 1 日以降に PV 発電のキロワット時当たり FIT 価格は，一般向けを 0.05 元引き下げる一方，「貧困脱出プロジェクト」向けを従来のままとした。

　最後は，市場メカニズムによる資源配分を推進することである。屋上を除く PV の新規建設については，入札方式を導入する。その際，売電価格は重要な落札要素とし，落札価格は基準 FIT 価格を超えてはならないと規定した。

　「5.31 新政」で打ち出した FIT の適用対象となる PV の新規開発規模の制限，FIT 価格の引き下げは資金不足の緩和にも確かに寄与するが，真の狙いは，政策優遇に頼らない太陽光発電産業の育成である。

　その後，政府が脱 FIT に向けた取組みをさらに加速した。まず，2019 年 1

月に，コスト補填の要らない風力と PV について，開発の許認可権限を地方自治体に与え，開発規模を制限しないとした。続いて 4 月から 5 月に掛けて，FIT を適用する場合，開発規模を補填用財源内に抑制すること，入札制の実施，FIT 価格の引き下げ等を決定した。例えば，事業用太陽光発電向けの補填用資金の 19 年度限度額を 22 億 5000 万億元とし，FIT 価格をキロワット時当たり 0.5〜0.7 元から 0.4〜0.55 元以下に下げた。何れもコスト低減を促す対策で，その効果がすぐに現れた。国家能源局が 7 月に 19 年度の FIT 適用の事業用太陽光発電開発の入札結果を公表した。応募規模 2456 万キロワットの内，2279 万キロワットが落札された。平均落札価格は 0.33〜0.48 元で上限価格より 18〜12％低く，最低落札価格は 0.28〜0.41 元で，上限価格より 25〜30％低くなった。補填用資金必要量は 17 億元と推定され，入札しない場合の必要量 46 億元を大きく下回り，限度額よりも 5 億 5000 万元節約できた。

　さらに，世界初となる再エネ電力の利用目標達成義務・グリーン証書取引の併用制度が 2020 年に導入された。具体的に，各地域（省・直轄市・自治区）に電力消費量に占める再エネ電力の利用目標を課し，目標達成を義務付ける。各地域はさらに，地域内の売電事業者や直接取引に参加する需要家，自家発電を持つ需要家に対して，再エネ電力の利用目標を課す上で，グリーン証書取引を行わせる。自社で目標分を確保できなければ，他社の目標超過分を取引市場で購入しなければならない。規制不履行の場合，信用不良リストに載せる等の罰を受けなければならない。一方，規制目標を約 10％上回る奨励目標も設定された。奨励目標が達成されれば，規制目標より多く使っている電力は，すでに導入済みのエネルギー消費総量規制と省エネ目標規制の問責対象にしないと規定している。つまり，奨励目標さえ達成できれば，再エネ電力はいくら使ってもいいという規定である。

　この利用者規制と市場メカニズムの併用によって，以下の効果が期待される。売電事業者が再エネ電力を購入せざるを得なくなり，再エネ電力の出力抑制のインセンティブがなくなる。同時に，地方自治体が域内の再エネ電源開発を促進せざるを得なくなり，土地利用や資金調達面での優遇措置を講じる可能性が大きい。これらによって，域内における再エネ電源開発が促進される。それに対し，再エネ資源の乏しい地域は，目標達成のために，資源豊富な地域で

の再エネ電源開発や地域間送電網整備などに協力せざるを得なくなるので，域外における再エネ電源開発も促進される。その結果，開発競争により，コスト低減が図られ，負担増や財源不足等の問題は一挙に解消される可能性がある。実際，上記総合対策の結果，PV パネル価格，融資コストや土地利用料などを含むシステム価格が急速に低下し，2022 年に既存電源と競争できるようになったため，一般向け PV 電力に対する FIT が撤廃された。それに先立ち，陸上風力に対する FIT は 21 年に撤廃された。

2.9　再エネ電源の主力電源化と安定供給の両立に向けた取組み

　政府は 2021 年から始まる「第 14 次 5 カ年計画」と「35 年長期目標」，そして「第 14 次 5 カ年計画における近代的エネルギーシステム計画」を作成した。「3060 目標」の達成とエネルギー安全の確保にとって，クリーン・低炭素・安全・高効率を特徴とする近代的エネルギーシステムの構築が不可欠として，その構築を加速すると明記した。「再エネ発展第 14 次 5 カ年計画」，「揚水発電中長期発展計画（21〜35 年）」等関連計画も公表された。

　脱炭素化については，2025 年に CO_2 排出原単位を 20 年比で 18% 減，非化石エネルギー比率を 20 年の 15.9% から 20% へ高めるという目標の他に，発電電力量に占める非化石電源の比率を 33.9% から 39% 前後へ，最終エネルギー消費に占める電力の比率を 27% から 30% 前後へ高める目標を新たに設定した。

　今回の第 14 次 5 カ年計画では，非化石電源を力強く発展させると規定した。特に，風力や太陽光資源が豊富な西北部等での大型発電基地の建設，洋上風力発電と太陽熱発電の開発を加速するとした。2025 年の容量目標は設定されなかったが，発電量を倍増すると明記された。稼働率が一定と仮定すれば風力と太陽光・熱の発電設備容量は，25 年に 10 億 7000 万キロワットと計算される。30 年に 12 億キロワットに拡大することは明記されている。

　一般水力は生態環境を優先した上で，適地での開発を行い，設備容量を2020 年の 3 億 4000 万キロワットから 25 年に 3 億 8000 万キロワットへ拡大するとした。原子力は安全確保を前提に，沿海地域での開発を積極的かつ秩序よく推進し，20 年の 5103 万キロワットから 25 年に 7000 万キロワットを稼働させるとした。また，変動電源を主力電源化するための新型電力システムによ

る電力安定供給を目指し，西北部等における柔軟性を備える高効率石炭火力の増強，需要地と結ぶ超高圧送電網の整備を一体化して強力に推進するとした。同時に，既存石炭火力の柔軟性改造の累積規模を2025年に2億キロワット以上，揚水発電の設備容量を20年の3149万キロワットから6200万キロワット以上に拡大し，調整力のある電源の比率を21年の約6％から24％へ高めるとした。需要側で蓄電池やEVを活用し，デマンドレスポンス能力を最大負荷の3〜5％へ高める目標も明記した。

　課題の1つは，変動電源の主力電源化に伴い，電力安定供給に不可欠な調整力を如何に確保するかである。例えば，調整力として技術性や経済性が最も優れている揚水発電の場合，設備容量を2025年に6200万キロワットへ，30年に1億2000万キロワットへ拡大することが目標である。21年の設備容量は3639万キロワットなので，30年の目標達成には，年平均930万キロワットを完成する必要がある。一方，10〜21年までの11年間の年平均増加量は177万キロワットに過ぎなかった。

　水力を含む再エネ資源は開発しやすく，限界コストの安い場所から順番に開発される。水力資源の開発率は2022年に68％と推定され，すでに限界に近付いている。揚水発電開発についても，抜本的な対策がない限り，30年の目標達成は極めて困難であろう。特に，用地買収と住民移転が関わる用地確保が鍵となると考えられる。

　さらに，調整力のある電源を2025年に目標の7億2000万キロワットに拡大するために，調整力としての火力等はその87％の6億3000万キロワットが必要と計算される。ガス火力は20年の1億キロワットから25年に倍増の2億キロワットに拡大するとして，残った4億3000万キロワットは主に石炭火力によって賄われることになる。既存石炭火力の柔軟性改造で，計画通りに2億キロワットが確保できたと仮定する場合，石炭火力等の新設は2億3000万キロワットと推定される。実現可能かどうかは調整力電源として，経済性が担保されるかに依存すると考えられる。稼働率が低くても，適正利益を得られるように，抜本的な電力料金システムの改革が必要となる（図表7）。そのため，国家発展改革委員会と国家能源局が2023年11月8日，「石炭火力容量電力料金メカニズムの構築に関する通知」を発出した。石炭火力の柔軟性価値に着目

図表7　変動電源と電力安定供給に関する目標（斜体は推定値）

		水準				構成比（%）		
		2015	2020	2025	2030	2015	2020	2025
変動電源の主力電源化	電力需要（兆kWh）	5.69	7.63	*9.81*		100.0	100.0	100.0
	再エネ電源	1.39	2.22	3.31		24.4	29.1	33.8
	風力と太陽光・熱	0.22	0.73	1.46		3.9	9.5	*14.8*
	発電設備容量（億kW）	15.21	22.02	30.00		100.0	100.0	100.0
	再エネ電源	5.02	9.36			33.0	42.5	
	風力と太陽光・熱	1.74	5.35	10.70	12.00	11.4	24.3	*35.7*
電力安定供給	調整力（万kW）			72,000		(2021年6)	100	(24)
	蓄電能力		3,560	*9,200*				*12.8*
	揚水発電	2,303	3,149	6,200	12,000			*8.6*
	新型エネルギー貯蔵等		411	3,000	必要な規模			*4.2*
	二次電池		328		に拡大			
	既存石炭火力の柔軟性改造			20,000				*27.8*
	ガス火力，柔軟性を持つ新設石炭火力等調整力			*42,800*				*59.4*
	デマンドレスポンス能力	2025年に，最大電力負荷の3〜5%へ高める						
	送電網整備	5年間に，地域間既存送電能力を4,000万kW以上拡大し，6,000万kW以上新規着工・建設						

（出所）「再生可能エネルギー発展第14次5カ年計画」「第14次5カ年計画における近代的エネルギーシステム計画」「揚水発電中長期発展計画（2021-2035年）」「新型エネルギー貯蔵技術の発展加速に関する指導意見」等に基づき，筆者作成

し，固定資産の減価償却費，人件費，維持管理費，財務費等を含む固定コストを発電電力量と関係せずに，基本料金として徴収することとした。対象となる固定コストを一律に330元／キロワット・年と設定した。石炭火力発電所の平均寿命を40年とすれば，回収される固定コストの合計金額は1万3200元／キロワットとなる。24〜25年には石炭火力を調整力として利用する比率の低い地域では，固定コストの約30%（100元／キロワット・年），高い地域では50%（165元／キロワット・年）を回収し，26年から各地域での固定コストの回収率を50%以上に上げると規定した。

同制度の導入により調整力として石炭火力が拡大される可能性があり，電力の安定供給，変動電源の導入拡大に大きく寄与すると期待される。一方，石炭火力を動かせばCO_2が排出される。「3060目標」の実現には，石炭火力をゼロエミッションにすることが不可欠で，そのためにはCO_2回収・利用・貯留（CCUS）やCCS付きの石炭火力が必要となる。その固定コストを考慮したメ

カニズムをいつ，どのような枠組みで導入するかが注目される。

3．再エネ開発の先頭に躍り出る
〜中国が塗り替える再エネ産業の勢力図

　再エネの主力電源化は世界的な流れである。そのような中，国際社会から特に注目を集めているのは中国である。中国では，再エネ電源の導入が急速に進み，導入量は世界最大となったこと，中国が再エネ産業の国際競争力を高め，世界のPVパネルの8割，風力発電装置の5割を供給していること，中国抜きにして，2030年に世界の再エネ電源を3倍にするCOP28の目標の実現を語れないこと等がその背景にある。

3.1　再エネ電源発電設備容量が50％超へ

　統計によると，2023年において，発電設備容量に占める再エネ電源の比率は20年の42.5％から9.5ポイント増の52％へ上昇し，初めて化石電源（46.1％，うち，石炭火力39.9％）を超えた。25年目標は53％なので，超過達成の可能性が高い。再エネ電源の発電量比率は22年に30.8％となった（図表8）。

　電源別にみると，PVは2020年より3億5600万キロワット増の6億900万

図表8　発電電力量構成比率の推移

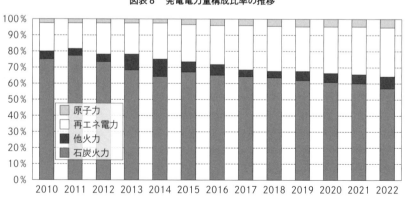

（出所）電力企業連合会の資料に基づき，筆者作成。2022年は速報値

キロワット，風力発電は1億6000万キロワット増の4億4100万キロワット，変動電源合計が5億1600万キロワット増の10億5100万キロワットに達した。

　変動電源の年平均増加量約1億7200万キロワットなので，このペースで行くと，第14次5カ年計画の5年間の新規増加量は8億5900万キロワット，稼働設備容量は2025年に14億キロワットを超えることになる。25年で10億7000万キロワットと推定される計画目標を大幅に超過達成し，30年12億キロワットという国連にも約束した目標を6年間も前倒しで達成することになる。その場合，発電設備容量に占める変動電源の比率は，20年の24.3%から25年に47.5%へ23.2ポイントも上昇する。

　中国はPV，風力，水力，バイオマス発電のいずれの導入量も世界最大である。

3.2　世界最大の再エネ電源装置供給国：再エネ強国

　中国の再エネ産業の発展も著しい。PV産業チェーンにおいて，シリコン，ウエハ，セル，パネルの生産量は世界の80%以上を中国が占めている。前述したが，2010年代の初期には，米欧等が中国製PVに対して懲罰関税や価格制限と総量規制などを課したが，中国のPV産業が潰れるところか，むしろ益々強くなった（図表9）。戦略的に対応できた証左であろう。

図表9　PVパネル生産量の中国比率の推移

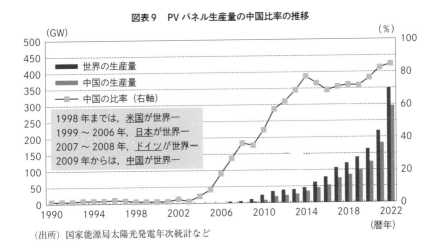

（出所）国家能源局太陽光発電年次統計など

　風力発電設備でも，中国が世界全体の 7 割（2023 年実績，国家能源局発表）を供給している。中国製の風力発電装置に対する貿易紛争の懸念もあるが，戦略的対策により，PV 産業のようにもっと強くなると予想される。

3.3　強みは産業チェーンの上流から下流まで一体化した企業が多数有すること

　現在，中国には約 54 万もの PV 産業関連企業があり，その競争環境が中国企業の強い国際競争力を生み出した。2022 年に，PV パネル出荷量のトップ 10 に，首位の隆基緑能科技（Longi）を始めとする中国系企業が 7 社も入っている（図表 10）。特に，産業チェーンの上流から下流まで一体化した企業が多数存在することが，中国の再エネ産業の強みである。例えば，Longi はシリコンインゴット生産から，ウエハ，セル，パネルの製造，さらに発電所建設まで手掛けている。現在は，発電した電力を利用したグリーン水素の製造まで事業を拡大している。その技術力は絶えず向上し，パネル 1 キロワット当たりの製造にかかるシリコン原料加工からの電力消費量や必要なシリコンの量が減少するなど，効率化が進んでいる。

　結果，中国製 PV パネル価格が急速に低下し，高い国際競争力を獲得でき

図表 10　PV パネルメーカーの世界トップ 10（2022 年）

社名（国）	出荷量（GW）	シェア（%）
Longi（中国）	45.0	13.0
Jinko Solar（中国）	44.5	12.8
JA　Solar（中国）	40.0	11.5
Canadian Solar（カナダ）	21.1	6.1
Risen（中国）	16.0	4.6
Zhejiang Chint New Energy（中国）	13.5	3.9
First Solar（米国）	9.3	2.7
Shungfeng-Suntech（中国）	9.0	2.6
Tongwei Solar（中国）	9.0	2.6
Hanwah Q-Cells（韓国）	8.5	2.4
パネル生産量世界合計	347.4	100.0
うち中国計	294.7	84.8
パネル生産能力世界合計	682.7	100.0
うち中国計	551.9	80.8

（出所）Pveye 2023.4，中国光伏产业如何継続保持領先优势，https://www.ciecc.com.cn/art/2023/8/8/art_5099_95532.html 等から筆者作成

た。国際エネルギー機関（IEA）によると，中国製の PV パネル価格はインド製より 10%，米国製より 20%，EU 製より 35%安い。

3.4　中国抜きにして，世界における効率的再エネ開発を語れない

　筆者の研究室では，PV パネル価格の影響要因に関する計量経済分析を行っている。試算によると，中国では 2009 年以降は PV パネル累積生産量が倍になるたびに，パネルの名目価格と実質価格がそれぞれ 10%，12.6%低下している。

　また，世界の PV パネルの名目価格低下の約 70%が，中国によってもたらされたと推定された（図表 11）。

　中国は，パネル価格の低下や海外への輸出に加えて，マレーシア，ベトナムといった東南アジアや，中東への直接投資も進めており，発展途上国の脱炭素化，経済発展に貢献している。2023 年 12 月に閉幕した COP28 では，30 年までに PV など再エネ電源の設備容量を現在の 3 倍に拡大する案が合意された。基準年が明記されていないこと，国別の割り当てがないことなど，曖昧な部分もあるが，すべての国が目標実現を目指すべきであろう。その場合，中国を抜きにして，目標の効率的実現が困難だと思われる。

図表 11　世界 PV パネル価格変動の要因分解と中国の影響

	モジュールコスト		学習率	期間内の学習曲線効果による減少分	中国の影響による減少分	中国以外の影響による減少分	期間内の累積生産量の中国比率	期間内の累積生産量の中国以外の比率
	期首	期末						
	ドル/W	ドル/W	%	ドル/W	ドル/W	ドル/W	%	%
1993～09年	7.11	2.39	3.08	1.770	0.507	1.262	28.7	71.3
2010～13年	2.04	0.70	2.44	0.083	0.053	0.031	63.2	36.8
2014～15年	0.64	0.60	3.08	0.008	0.005	0.002	73.1	26.9
2016～19年	0.55	0.38	4.09	0.023	0.017	0.007	71.8	28.2
2010～19年	2.04	0.38		0.114	0.075	0.039		
コスト低減に対する寄与（%）								
1993～09年				100.0	28.7	71.3		
2010～13年				100.0	63.2	36.8		
2014～15年				100.0	73.1	26.9		
2016～19年				100.0	71.8	28.2		
2010～19年				100.0	65.6	34.4		

（出所）長岡技術科学大学李志東研究室山坂大空修論（2023/3）に基づき筆者作成

4．再エネ開発の中国モデルと日中協力への示唆

4.1　再エネ開発の中国モデル

　再エネの技術開発，産業育成と普及促進に向けた中国の基本戦略や取組みは，「中国モデル」と呼ぶことが可能であろう。国際的にみると，次の特徴と課題が確認できるからである。1つ目の特徴は，再エネを持続可能な発展，脱炭素社会構築などの国家戦略の一環として取り組んでいる点である。

　2つ目の特徴は，理論的に有効とされる，また，国際的に有効と実証された対策ならば，何でも貪欲に取り入れる点である。再エネ関連法整備，発送電分離などの電力システム改革，補助金，FIT，公開入札などは万国共通の対策である。地域エネ消費の再エネ比率規制とグリーン証書取引制度，政策資源総動員した再エネ電源主力電源化対策などは，理論的に有効とされている。先行例が少ない中，中国が果敢に導入している。

　3つ目の特徴は，中国の実情や固有性に合わせた対策や，制度を試行錯誤的に模索し続けている点である。例えば，中国は，5カ年計画や中長期計画を作成して経済運営を行っている。再エネに関しても，その一環として関連計画が作成，執行されている。また，中国の農村部では，人口が4億9000万人，全人口の約39.4％（2022年）に上るが，所得水準が低く，ガソリンスタンドへのアクセスが不便である。これらの固有性を考慮し，政府が貧困脱出向けPV補助事業を展開した。PVの電気があれば，収入増加と生活水準の向上，情報格差の解消，EVの普及が可能となり，脱炭素化にも寄与すると認識できたからである。20年以降は，NEVを農村部に普及させるキャンペーン「NEV下郷」事業も展開している。

　一方，再エネ電源開発に向けた用地確保等技術以外のコスト削減，使用済み風車やPVパネル処理体制の整備，調整力電源の確保，再エネ電力100％弱とNEV100％の一体化となる「V2G，V2H」[2]の実装などが課題である。

　2　「V2G」は電気自動車（Vehicle）が電力網（Grid）から電力を供給されるだけではなく，Vに蓄えられた電力をGに供給し，Vを電力系統の調整力として有効活用することを指す。「V2H」は，Vに蓄えられた電力を，家庭（Home）用に供給し，有効活用することを指す。

4.2　日中協力への示唆

　再エネ開発における中国の取組みは，日本にとっても参考になろう。また，再エネ開発に関する日中協力も期待される（図表12）。PV 分野を例に検討してみる。

　同分野において，中国はすでに商業化されている PV パネルや周辺機器の価格性能比で比較優位性を持つ。日本企業が中国に進出してビジネスを展開することは極めて難しい。

　一方，日本は使用済み PV パネルの処理，国内での発電所の施工，保守，系統連系の面で，国際的には情報収集力や資金調達力，先進国としての信頼度などの面で，比較優位性を有する。両国が協力し合い，関連装置の供給から施工，系統連系，保守までの「再エネ発電サービス」を一括して請け負うビジネスモデルを構築できれば，両国だけではなく，両国による第3国での PV

図表 12　再エネ開発における日中協力のビジネスモデル

	日中協力が期待される市場			備考
	中国	日本	第3国市場	
既存技術の再エネ発電	×	○	◎（特に中東）	
建材一体化 PV 発電（BIPV）	○	○	△（国による）	
ペロブスカイト PV 発電	○	○	△（国による）	
PV 発電＋太陽光で水素＋蓄電＋蓄水素＋水素燃料電池	○	○	△（国による）	
再エネ発電＋蓄電等	○	○	△（国による）	第3国市場，特にグローバルサウス市場協力の場合，メーカーだけではなく，商社，金融機関，ADB や AIIB 等国際銀行の協力が不可欠
再エネ発電＋グリーン水素	○	○	△（国による）	
PV ベース V2H	○	○	△（国による）	
再エネベース NEV 充電インフラ整備	○	○	△（国による）	
バイオマス発電	○	○	△（国による）	
太陽熱発電	○	○	△（国による）	
地熱発電	○	○	△（国による）	
潮力，塩分差，温度差等発電	○	○	△（国による）	
再エネ特区	○	○	△（国による）	
使用済み PV パネル，風車等処理	○	○	△（国による）	

（出所）筆者作成

開発も大いに推進できると考える。2017 年 3 月，中国の太陽電池製造大手の
JinkoSolar と日本の丸紅がアラブ首長国連邦（UAE）で 117 万キロワット規
模の太陽光発電事業を共同で落札したことが先駆けの成功例であろう。

　また，建材と一体化した太陽光発電（BIPV），曲がる太陽電池（ペロブスカ
イト），再エネ発電と蓄電，グリーン水素製造，電気自動車の充放電などの先
端分野で連携できる。第 3 国市場，特にグローバルサウス市場における日中協
力の場合，メーカーだけではなく，商社，金融機関，アジア開発銀行（ADB）
やアジアインフラ投資銀行（AIIB）等国際的な金融機関の協力が不可欠と考
えられる。

参考文献

項目綜合報告編写組（2020）「中国長期低炭素発展戦略と転換経路に関する研究の全体報告」『中国人
　　口・資源と環境』第 30 巻第 11 号，2020 年 11 月，1-25 頁
国務院（2015）「電力体制改革の一層の深化に関する若干の意見」2015 年 3 月
国家発展改革委員会（2015）「電力体制改革に関する附属文書その 4：秩序ある発電と電力需要計画
　　に関する意見」2015 年 11 月
中国再生可能エネルギープロジェクト弁公室（2004）「中国太陽電池産業発展報告」2004 年 10 月
中国再生可能エネルギープロジェクト（2008）「中国太陽電池産業発展報告（2006〜2007 年）2008 年
　　5 月
中国再生可能エネルギー企業家クラブなど（2010）「中国両岸太陽電池産業発展報告 2008 〜 2009
　　年」2010 年 2 月
張生鈴（2023）「新能源扶貧的中国経験与啓示」『国家治理』2023 年 10 月（http://www.rmlt.com.
　　cn/2023/1017/685274.shtml）
李志東（2022）「中国脱炭素「3060 目標」の「有言実行」に関する研究」環境経済・政策研究，第 15
　　巻第 1 号，2022 年 3 月，34-39 頁

第7章

低迷続く不動産業　難しい再生
——過剰生産を抑え，不動産税導入を

北九州市立大学 教授

中岡 深雪

◉ポイント

▶ 2023年の不動産市場は前年からさらに状況が悪化した。不動産大手の碧桂園や恒大集団などの経営難が深刻化して，日本では中国の不動産バブルの崩壊が近いとの予測が飛び交った。不動産業の業績悪化の原因はコロナ禍で傷んだ中国経済の減退と不動産引き締め政策の2つが挙げられる。

▶不動産業は地方政府に対して土地使用権の分譲による予算外の収入をもたらし，地域の活性化にもつながった。不動産開発は地方政府が設けた第3セクターのノンバンク（融資平台）が主導し，その資金融通が住宅市場を拡大させた。このため「暗黙の政府保証」が住宅市場の歪みを助長させてしまった。

▶不動産不況から脱却するには，住宅の過剰生産路線を修正する必要がある。他方，現在棚上げされている不動産税についても導入が待たれる。環境保全を徹底するためのスマートシティ建設なども政府は適切に施策を展開する必要がある。

◉注目データ ☞ 不動産開発企業による土地取引の推移（2019〜22年）

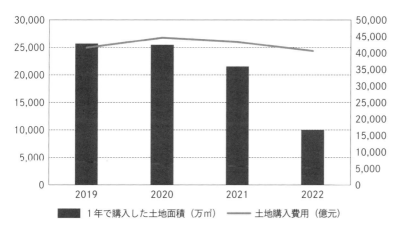

（出所）国家統計局の資料より作成

1．コロナ禍以来の不動産不況

　中国の不動産業は国内総生産（GDP，名目ベース）に占める割合は 5.8%で あるが（2023 年），関連産業も含めると 30% 以上になると推計され，中国経 済にとっては主要な産業である。不動産投資額の伸び率は 2014 年まで 2 ケタ 以上で推移し，GDP 成長率を大幅に上回っていた。15 年以降その伸び率は緩 やかになり，新型コロナウイルスの感染拡大を経て 22 年にはマイナス 10% と なった。23 年もマイナス 9.6% と減少が続いている（図表 1）。

図表 1　不動産開発投資額，伸び率，GDP 成長率

（出所）中国国家統計局の資料より作成

1.1　状況が悪化した 2023 年夏

　2023 年の中国の不動産市場は前年に続き状況が悪化した。23 年 8 月 7 日に 大手不動産開発企業の碧桂園控股（カントリー・ガーデン・ホールディング ス）で米ドル建て債券の利息の未払いが起きた。その 3 日後の 10 日，碧桂園 は投資家向け文書の中で，23 年上半期の最終損失が 450 億から 550 億元（約 1 兆 1000 億円）に達したと発表した。中国の不動産開発企業の中で売上高が最 も大きかった（22 年実績）同社だけに，このニュースは大きく報じられ，不 動産市場の今後の行き先を不安視する声が大きくなった。また，21 年夏から デフォルト（債務不履行）危機を迎えていた恒大集団も 23 年 8 月 17 日，米国

で連邦破産法第15条の適用を申請した。破産という言葉に日本でも中国でも注目が集まり，中国の不動産バブルの崩壊が近いとの予測が飛び交った。

　それに対して，同8月15日，7月の国民経済運営状況を発表した中国国家統計局の会見では次のようなやり取りがあった。アメリカのメディアCNBCの記者より「不動産開発企業が顧客に住宅が引き渡しができていないことに対して，また産業全体に対して碧桂園の問題がどのような影響を及ぼすのか」という質問があった。国家統計局のスポークスマンの回答は「現在の不動産市場は調整段階にあるので，一部の企業で，今回は大型企業であるが，債務リスクが顕在化してきた。ただし，これらの問題は段階的なもので，調整作用が発揮されるにしたがって不動産政策は最適化される。不動産業のリスクは解決するのぞみはある。北京，上海，広州，深圳のような都市では住宅価格が下落することで価格の硬直性がゆるまり，高止まりしている住宅価格の問題が解決に向かうのではないか。一部の二線，三線の都市は新たな不動産調整政策が出されているところもあり，それは有効に働くだろう。経済の回復にしたがい，住民の収入は増加し，不動産市場の最適化は功を奏し，住民の住宅購買意欲も不動産企業の投資意欲も徐々に改善するであろう」と極めて楽観的な見解を示した。

　図表2は恒大集団の収入と利潤の推移である。変化がわかりづらいが，2015年までは利潤の増加率は2ケタ以上であった。19年は7％，20年でも6.2％

図表2　恒大集団の収入と利潤の推移

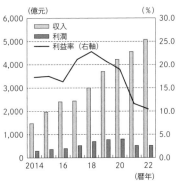

図表3　万科企業の収入と利潤の推移

（出所）図表2，3とも同社の年次報告書各年版より作成

あったのが，21 年には 6862 億 1900 万元の損失を計上し赤字に転落した。一方，図表 3 は万科企業の収入と利潤の推移である。万科企業の利潤の増加率は 21 年が 11.5%，22 年も 10.4% と安定している。不動産業者がすべて不調なわけではない，という一例である。

1.2　不動産企業の業績悪化の要因とその背景

　不動産業の業績悪化はコロナ禍，特に「ゼロコロナ政策」が長引いたことによる中国経済の減退がある。中国の不動産投資額のうち 7 割を占めるのが住宅であるため，住宅投資，新規着工面積，販売面積からコロナ禍以降の数値を確認する（図表 4）。

　住宅投資額の伸び率は 2022 年からマイナスとなったが，新規着工面積は 20 年から減少し，22 年には前年と比べて 40% も減った。販売面積が減少したのも 22 年からである。事態がとみに悪化したのが 22 年であるが，新規着工面積は 20 年を境に減り続ける一方で，新築住宅市場の規模が縮小に向かっていることがわかる。図表 1 からも 22 年以降，GDP 成長率より住宅投資額の伸び率が悪くなっていることが確認できる。

　もっとも，住宅市場や不動産市場の状況が悪化している原因は経済的要因だけではない。コロナ禍前から検討されていた，いわゆる不動産引き締め政策も影響している。さかのぼれば 2016 年に習近平国家主席が中央経済工作会議で「住宅は住むものであって投機の対象のではない（中国語で房住不炒）」と発言したことに端を発した。この発言は投機熱を冷まし不動産不況に直面した際のダメージを緩和する目的と，住宅保有による国民間の資産格差を緩和するとい

図表 4　住宅投資額，新規着工面積，販売面積（2020 〜 23 年）

	住宅投資額（億元）	新規着工面積（万㎡）	販売面積（万㎡）
2020	100488（6.9）	164329（−1.9）	148316（3.0）
2021	106855（6.0）	146379（−10.9）	149602（0.9）
2022	96735（−10.5）	87749（−40.1）	109564（−26.8）
2023	83820（−15.4）	69286（−21.0）	94796（−13.5）

　（注）2023 年は速報値。カッコ内は前年比伸び率，%
　（出所）国家統計局の資料より作成

う2つの目的がある。

　前者は不動産開発企業への規制につながる。具体的には2020年8月に策定された「3つのレッドライン」と21年1月に行われた不動産関連融資の総量規制である。3つのレッドラインとは融資を受ける側が求められる財務指標を指す。すなわち，①資産負債比率が70％以下，②自己資本に対する純負債比率が100％以下，③短期負債を上回る現金の保有——という3つの条件からなる。これらをクリアしない不動産開発企業は銀行からの融資を受ける条件が厳しくなった。一方，不動産関連融資の総量規制は個人，不動産業向けともに融資の総量規制を行うことである。国有4大銀行などの大型銀行の不動産業向け融資は貸付残高の合計の最大40％まで，中堅銀行は最大27.5％までと決められた。このように不動産開発企業への融資要件を引き上げることで供給側から不動産市場の健全性を保とうとしたのである。

　後者の住宅保有による国民間の資産格差の緩和については，中国政府が掲げる「共同富裕」という概念に関係する。中国では住宅価格が長年上昇を続け，それが資産格差を一層拡大していた。住宅は富の偏在の象徴としてとらえられており，住宅を持つ者と持たざる者の格差の縮小は社会の目標である共同富裕に近付く重要な事項であり，共産党にとっても社会の安定化，しいては共産党の一党指導体制をゆるぎなくするための重要な論点なのである。

　この2点からコロナ以前から，不動産市場の調整が行われようとしていた。2021年9月に恒大集団がデフォルト危機に陥ったのも，3つのレッドラインと不動産関連融資の総量規制が大きく関係している。その後，佳兆業集団，当代置業，新力控股などの不動産開発企業が経営危機に陥った。次節ではこのような状態に至るまでの経緯について，中国の不動産市場の特質と構造的問題に焦点をあてて明らかにする。

2．不動産市場の特質と構造的問題

　中国の不動産に関する特徴として土地所有権の問題がある。憲法では，都市部の土地所有権は国家に属し，農村部は集団所有に属することが定められている。そのため一般的に取引されるのは土地使用権である。土地使用権は地方政

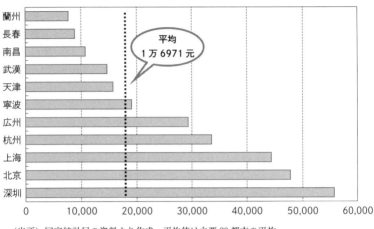

図表5 2022年主要都市住宅平均価格（元/㎡）

（出所）国家統計局の資料より作成。平均値は主要29都市の平均

府が競売等で払い下げ，1次市場にて取引される。それらが再び売買されるのは2次市場となる。地方政府は土地使用権の払い下げで収入を得ることができ，それは主要な収入源ともなる。さらに，不動産開発によって地域の景気の底上げをしてきたという経緯がある。

　大都市と地方都市ではまったく状況が異なる。図表5は主要都市の2022年の住宅平均価格（1平方メートル当たり）である。最も高い深圳は5万5758元で29都市の平均である1万6971元の3倍以上である。それに次ぐ北京市は4万7784元，上海市4万4430元，杭州市3万3669元，広州市2万9455元である。

2.1 住宅市場の形成と住宅需要の増加

　ここでは住宅供給体制の改革の経緯を振り返り，中国の不動産市場の特質を知る手掛かりとする。

　中国の住宅市場は「改革開放」路線の開始以降に形成された。1978年に改革開放が始まったことを契機に，住宅供給体制についても制度改変の研究が始まった。そして数回の国務院（政府）による通知を経て，住宅の「私有化」「商品化」「市場化」の3点について改革が行われた。

　最初の改革が「私有化」であった。計画経済時代では，職場である「単位」が従業員のために住宅を貸与した。私有化とは貸与された「単位住宅」を従業員に払下げ，その建物の所有権を職場から個人に移譲することである。計画経済時代は賃貸しか認められていなかったので，住宅の所有権（建物のみ）を個人が得ることになったのは画期的であった。当初は一定期間転売を認めない形で所有権が譲渡された。次に起こった変化が「商品化」で，これは建物の所有権の売買を認めることで，転売を含む住宅の所有権の売買が行われるようになった。

　3つ目が「市場化」で，これは住宅価格が需要と供給で決定されるようになったことを指す。私有化された住宅が市場で売買されることで商品化され，それが需要と供給によって価格付けられることを意味する。以上のプロセスを経て住宅市場が形成されるようになった。

　1998年の国務院による通知では，単位による住宅の実物分配を停止し，貨幣による分配をすすめることが決定された。これは，従業員が個々に積立金の口座を持ち，給与の一定額を単位と従業員がその口座に積み立てて，将来の住宅関連支出に備えるという「住宅公積金制度」の導入を指す。単位は建物ではなく資金を従業員のために準備するため，「貨幣分配」と言われていた。

　住宅公積金制度は上海市で1991年から試験的に試行されていたが，99年に

図表6　住宅販売面積（億㎡）の推移

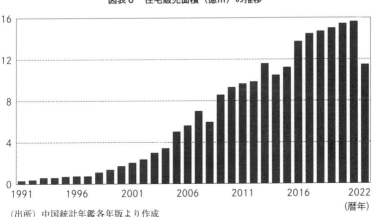

（出所）中国統計年鑑各年版より作成

は全国的に取り入れられた。これらの改革により，住宅は個人の裁量により売買が進められるようになり，流動性が増した。2000年以降，経済は高度成長期を迎えて住宅需要も旺盛であった。住宅販売面積は急激に増加し，08年のリーマン・ショックに至るまで増加し続けた（図表6）。その後は過剰流動性の発生もあり，資金が不動産市場に流入し，住宅投資や販売はさらに勢いを増すようになった。14年には世界的な資本の流れがかわり米国に還流するようになり，中国の不動産市場も落ち着くようになったが，コロナ禍の前まで増加傾向は続いた。

2.2　不動産市場の構造的問題〜「暗黙の政府保証」

　本節では供給側の話題に戻り，構造的問題を明らかにする。先にも述べたように，不動産業は地方都市においては，地方政府の大きな収入源であり，また不動産開発で景気の底上げをしてきたという経緯がある。旺盛な住宅需要を前に不動産開発企業が増え，不動産業が好調であったため，住宅投資は増え続け，中規模以下の都市でも住宅ブームが起きた。その一方で，2000年代半ばでも都市によっては売れ残り住宅の問題は存在した。不動産バブルが過熱しているという懸念も常時ささやかれていた。

　そのような中で，金融面での不安はなかったのか。そこには金融問題として「暗黙の政府保証」という概念が提起される。本来，「暗黙の政府保証」とは国有企業債務，地方政府債務，金融機関に対する流動性サポート（保証）や，理財商品や信託商品等投資商品に対する元本保証のことを指す。「最後は政府が助けてくれる」という目論見があるため，リスク管理に対して甘い判断しかできない。日本でも岡嵜（2021），盛（2018），松戸（2018）などが2017年から18年ごろに問題視していた。

　松戸（2018）は暗黙の保証とは，劇的なクラッシュが起きそうになっても「最後は政府，共産党が何とか尻ぬぐいしてくれる」という社会各階層，民衆の間に広く分け持たれている「確信的気分」をここでは指している，としている。また盛（2018）は市場参加者の信用リスク評価の目を曇らせ，むしろ市場参加者のリスクテイク意欲を刺激した結果，過剰借入・過剰投資・過剰生産能力といった構造的問題を深刻化させた，と指摘している。中国政府は金融機関

に対して金利の自由化と資本取引規制の緩和は制約してきた。つまり競争原理が働かず，リスク管理も行き届かない状態が継続されることになった。

　不良債権については以下のようであった。中国では 2003 年以降，金融資産管理会社を設立し，不良債権を移管することで不良債権の処理に取り掛かった。2010 年代はじめは商業銀行の不良債権の比率は低下したが，17 年以降，都市，農村とも商業銀行や民営銀行で不良債権比率は高まった。ただ，中国全体ではその比率は下がっていたため，問題の所在が見えづらくなっていた。特に脆弱であろうノンバンクについては数値が公表されていないため，ブラックボックスのようになっている。

　不動産業は景気対策のマクロ経済調整手段と利用されてきたので，しばしば購入緩和政策が介入してきた。また大都市に人口が集中し，アフォーダブルな住宅供給がなされていない状態であった。住宅取得については自助努力が前提のため，福祉政策も手薄であった。

3．不動産不況は中国経済の回復の足かせとなるのか

　20 年以上にわたり中国経済をけん引してきた不動産業が 2022 年以来不調であることは述べた。不動産業は地方都市，特に地方政府にとっては土地使用権を分譲することで予算外の収入を得ることができ，かつ不動産投資により地方経済が活発化するいわば金のなる木であった。融資に関しては第 3 セクターである融資平台という金融会社の存在感は大きく，経済活動を拡大するのに一役買っていた。「暗黙の政府保証」の力で是とされてきたのである。しかし不動産関連融資の条件をこれまでのように大胆に緩和することは難しい。中国版不動産バブル崩壊が懸念されるからだ。

3.1　日本のバブルやリーマンショックとは異なるのか

　中国の現状は，日本の 1990 年代のバブル崩壊と何が異なるのか。過剰流動性の発生により不動産投資に資金が流入した点は同様である。最も大きな違いは中国の場合，経済成長期でもあり，住宅への実需用も存在した点である。さらに，不良債権が発生した場合，誰が負担するのかという視点で見ると，日本

と中国は異なる。日本では大規模な金融機関も不良債権を抱え，その処理に時間を要した。中国でも同様であるだろうか。国有4大銀行をはじめとする大規模な金融機関が不良債権を抱えるのであれば日本と同様の状況になるが，資金回収が困難なのは大型の銀行ではなくノンバンクなど小規模金融であろう。

　中国の銀行業金融機関の資産分布をみてみると，大型商業銀行が41.7％，株式制商業銀行が17.0％，都市商業銀行が13.5％，農村金融機構が13.3％，その他金融機構が14.5％である。その他には政策性銀行，国家開発銀行，民営銀行，外資銀行，ノンバンクおよび金融資産投資会社が含まれる。現在問題視されているのは地方融資平台とそれらがつながる地方政府財政である。杉野（2023）ほかでもその点に警鐘を鳴らしている。これらが14.5％に含まれる。当時の日本と比べると，経済全体へ及ぼす影響は限られているのではないか。

　また恒大集団がニューヨークでの連邦破産法15条の適用申請したことも話題となった。この点については，破産を申請することで恒大集団がニューヨークに持つ資産を保全することが目的であるため，返済を回避することが目的である。

　一方，世界経済を揺るがしたリーマン・ショックと何が異なるのかということについてである。リーマン・ショックに端を発する世界金融危機は住宅ローンが高度に証券化され，不良債権が組み込まれた金融商品が世界中に行きわたっていたが，中国の場合このような形式はとっていない。中国で不良債権化するおそれのあるノンバンクの債権は中国国内で流通していると考えられるからだ。そのため，不動産開発企業の倒産が続けば，中国国内の景気が悪化することは想像できるが，そのダメージは世界金融危機の時のように即時拡散するのではなく，中国の景気後退というワンクッションを経て，世界的に波及すると考えられる。

3.2　不動産業に求められること〜不動産税の導入を

　マクロ的に考えると2022年に中国の不動産企業は10万2852社存在し，コロナ禍前の19年の9万9544社から増えている。しかし，図表7を見ると不動産開発企業の経営の見通しは明るくないと言えるだろう。不動産開発企業がその年に入手した土地はコロナ禍以降減少している。一方で購入費用は高止まり

図表 7　不動産開発企業による土地取引の推移（2019 ～ 22 年）

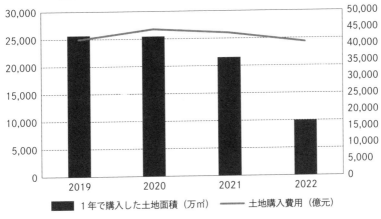

■ 1 年で購入した土地面積（万㎡）　── 土地購入費用（億元）

（出所）国家統計局の資料より作成

したままであり，土地の入手が困難になっていることがわかる。

　不動産開発企業のプロジェクトの成否は立地に大きく左右されるため，年々高コスト化している。単純に土地購入費用を購入した面積で割ったところ，2019 年は 1 万 6000 元であったが，20 年は 1 万 7000 元，21 年は 2 万元，22 年は 4 万元と急激に値は上昇している。市場メカニズムにより今後不動産開発から撤退する企業も増えるだろう。

　20 数年にわたり拡大を続けてきた住宅市場では，価格上昇傾向のもとで粗放な住宅投資が行われてきた面も大きい。収支計画が綿密でなく，また暗黙の政府保証という認識が根底にあり，利益の確保より開発を先んじた不動産開発企業が多数存在した。地方では，地方政府の不動産開発に依拠した経済成長がそれらを後押しした。中央政府は現在の不動産市場の不振について，上記のような構造的な問題であることを認識しており，定期的な経済運営の状況を説明する記者発表でも度々それを指摘してきた。直近では 2024 年の第一四半期の経済運営状況の記者発表でも同様の見解を示している。不動産業は調整期にあり整理淘汰される企業があるのはやむなしと明言はしないものの，市場メカニズムにそった不動産市場の立て直しを期待，むしろ示唆しているのである。そして今後必要とされる福祉住宅の建設や都市化の進行で不動産業の成長は見込めるとしている。

　これまで経済成長を優先するあまり，国民に寄り添った住宅政策が不在であった点は否めない。今後，不動産業に求められることは，アフォーダブルな住宅の供給である。大都市では住宅価格が高すぎるため購入が難しい状態が長らく続いた。徐々に緩和されてはいるが，人口が集中する都市で購入可能な価格帯の住宅が増えることが望ましい。そして地方都市では住宅の過剰生産を抑える必要がある。それには日本の固定資産税に相当する不動産税の導入も必要である。2021年10月第13期全国人民代表大会常務委員会第31次会議で現在，2011年以降上海と重慶で試行的実施されている不動産税の試行拠点を拡大することが発表された。しかし，翌3月にはそれを延期することが発表された。その後，不動産税について再検討の言及はない。また上海と重慶で試行的に実施されている不動産税は住宅については高額物件に限定されたままである。

　一般的な住宅の場合保有していても毎年税金を支払う必要はないので，資産格差が拡大しており，また住宅投機へのインセンティブも残したままである。不動産税から得た資金を都市のインフラ整備，低所得者向け住宅の整備にあて，経済成長重視の現在の投資構造から転換をはかる必要があるだろう。かつてのように不動産業によって経済成長を見込むことはできなくなるが，景気の調整弁としての住宅建設ではなく，住みよい社会，安定した社会を形成するための住宅政策を実施すべきである。

　同時に住宅建設の質を高めていく必要がある。住宅建設の基準を厳格化するなど，参入企業を厳選すること，また政府機関による認可，審査の情報を開示していくことも重要だと考えられる。そして都市化が進む中国において都市人口は今後も増え続ける。環境保全のためスマートシティの建設は他国の先進事例を取り入れながら行っていくべきであろう。これらに対して政府は適切に誘導していく必要がある。

参考文献

（日本語）

岡嵜久美子（2021）「WTO加盟後20年の中国銀行セクターの変化：多様化した金融サービスと監督体制の再構築」キヤノングローバル戦略研究所（https://cigs.canon/article/20210420_5749.html）

小原篤次・神宮健・伊藤博・門闖編著 (2019)『中国の金融経済を学ぶ』ミネルヴァ書房

梶谷懐 (2008)「中国の土地市場をめぐる諸問題と地方政府―『地方主導型経済発展』の変容」『現代中国研究』第 23 号, pp. 64-85

経済産業省 (2020)「令和 2 年版通商白書」2020 年 7 月 (https://www.meti.go.jp/report/tsuhaku2020/2020honbun/index.html)

杉野光男 (2023)「隠れ債務と暗黙の政府保証」東洋証券ひと息コラム「巨龍のあくび」(https://www.toyo-sec.co.jp/china/column/yawn/pdf/r_769.pdf)

関志雄 (2013)「中国におけるシャドーバンキングの現状と課題」中国経済新論：実事旧是 (https://www.rieti.go.jp/users/china-tr/jp/ssqs/130806ssqs.html)

盛暁毅 (2018)「中国の構造的な問題解決に影を落とす"暗黙の保証"～安心が慢心を育み, 慢心が安心を蝕む～」三井住友信託銀行調査月報 2018 年 3 月号 (https://www.smtb.jp/-/media/tb/personal/useful/report-economy/pdf/71_3.pdf)

中岡深雪 (2021)「中国不動産市場の動向と到達点」『日本不動産学会』Vol. 35, No.3, pp. 11-15

中岡深雪 (2022)「第 15 章　中国の都市・住宅問題―住宅価格の高騰と格差の拡大」加藤光一・大泉英次編著『東アジアのグローバル地域経済学』大月書店

日本経済新聞の関連記事

任哲 (2012)『中国の土地政治：中央の政策と地方政府』勁草書房

松戸武彦 (2018)「「暗黙の保証」問題と金融規制強化から見る中国社会の特質」南山大学紀要『アカデミア』社会科学編, 第 15 号, pp. 49-70

李立栄 (2022)『中国のシャドーバンキング　形成の歴史と今後の課題』早稲田大学出版部

(中国語)

国家統計局の HP (https://www.stats.gov.cn/)

国務院新聞办发布会介绍2023 年 7 月份国民经济运行情况 (https://www.gov.cn/govweb/lianbo/fabu/202308/content_6898426.htm)

国家统计局副局长就 2024 年一季度国民经济运行情况答记者问 (https://www.stats.gov.cn/sj/sjjd/202404/t20240416_1954627.html)

碧桂园 盈利警告 内幕消息公告 (https://www.bgy.com.cn/upload/file/2023-08-10/132c46a4-5577-4245-b7e9-f88329949e0d.pdf)

中国人民银行「中国金融安定報告 2022」(http://www.pbc.gov.cn/jinrongwendingju/146766/146772/4889122/2023051917413124624.pdf)

(英語)

Gabrieli, Tommaso, Keith Pilbeam and Bingxi Shi (2017), "The impact of shadow banking on the implementation of Chinese monetary policy," *Int Econ Econ Policy*, 15, pp. 429-447

The Wall Street Journal Evergrande Strikes Deal for $19 Billion Bond Restructuring (2023/3/23) (https://www.wsj.com/business/evergrande-strikes-deal-for-19-billion-bond-restructuring-fa9e79b9)

Is China's 'Lehman Moment' Near? (2023/8/18) (https://www.wsj.com/podcasts/whats-news/is-chinas-lehman-moment-near/9ce5904b-8636-4995-9e87-a828ad21da2a)

New York Times China Evergrande, Giant Real Estate Firm, Files for U.S. Bankruptcy (2023/8/18) (https://www.nytimes.com/2023/08/17/business/china-evergrande-bankruptcy.html)

第8章

産業化による中国農業の変容
──経営規模の拡大と IT 化の進展

関西学院大学国際学部 教授

賓劔 久俊

●ポイント

▶中国政府は「三農問題」を最重要の政策課題の1つとして捉え，その解消に向けて 1990 年代後半から多くの政策を打ち出してきた。2000 年代には「農民専業合作社」と呼ばれる農協的組織，2010 年代には「家庭農場」を農業産業化の牽引役に据え，農業の経営規模拡大と競争力強化を図っている。

▶アリババ集団は，農村部の e コマース普及で重要な役割を果たしてきた。アリババが運営する食料品スーパー事業では，ICT を活用することで産地とのネットワークを強化し，農産物の販売促進と地域経済の活性化に貢献している。

▶地域内の多様な農業関連組織が密接に連携し，人材の育成や食品産業クラスターの構築，農産物の高付加価値化を推進することは，日中両国で共通する政策課題であり，その具体的な取組みを日中間で共有していく必要がある。

●注目データ ☞　　農村雇用労働者の労賃（日給）の推移

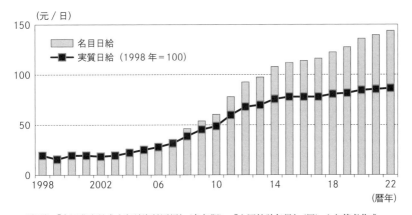

（元／日）

凡例：
- 名目日給
- 実質日給（1998 年＝100）

（出所）『全国農産品成本収益資料匯編』（各年版），『中国統計年鑑』（同）より筆者作成

1．はじめに

　意外に知られていないが，中国は世界有数の農業大国であり，コメや小麦，リンゴやブドウなど，多くの農産物において中国は世界一の生産量を誇っている。その一方で，1978 年末からスタートした改革開放政策では，農業部門は工業部門を下支えする役割を担わされ，農村・都市住民との間の社会経済的な格差は拡大傾向を示してきた。とりわけ農業部門は，経営規模の零細さや農地の分散化，営農支援体制の弱体化など，多くの課題に直面している。

　そのため，中国政府は「三農問題」（農業，農村，農民をめぐる問題）を最重要の政策課題の 1 つと捉え，その解消に向けて 1990 年代後半から多くの政策を打ち出してきた（宝剣 2017）。そして中国政府は年初に提起する政策指針（「一号文件」）のなかで，この「三農問題」を 2004 年から毎年取り上げ，農村住民や農業従事者に対する負担軽減と経済的支援を強化するとともに，農業インテグレーションの強化や新たな担い手の育成など，農業競争力向上のための施策を推し進めている。その一方で 2010 年以降の ICT（情報通信技術）の急速な普及とともに，ネット通販やライブ配信が広まるなど，農業分野での e コマースの進展も著しく，フードシステムにも大きな変化がみられる。

　そこで本章では，1990 年代末から本格化してきた中国流の農業インテグレーション（「農業産業化」）に注目し，その政策動向を整理した上で，新たな担い手による農業経営の変容を考察していく。具体的に説明すると，農業就業者が趨勢的に減少し，農業インテグレーションとアグリビジネスの重要性が向上するなか，家族経営を中心とする中国の農業経営にどのような構造的な変化が発生しているのか，そして中国政府は如何なる政策的意図の下で新たな農業経営を支援し，その担い手にはどのような特徴があるのかについて，政策文書と各種の統計データに基づいて分析していく。さらに本章では，中国におけるICT の急速な発展のなか，中国最大の e コマース企業であるアリババ集団による農業事業への参入に注目し，その事業活動が農業産業化の進展や農業経営のあり方にもたらす影響についても検討する。

2．中国農業の構造的変化とその担い手

2.1　フードシステムの変容と中国の「農業産業化」

　経済発展は都市部への人口集中を引き起こし，それとともに都市住民の生活様式も大きく変容してきた。青果物や食品のフードシステムに焦点をあてると，消費面では地元の市場（いちば）や零細商店といった旧来の流通チャネルは，大規模なチェーンストアやコンビニエンスストアなどに置き換えられ，近年はネットスーパーや宅配などの利用も広がっている。また，コールドチェーンなど輸送網の発達によって，世界各地の様々な青果物や食品を消費者が選択できるようになってきた。そして食品メーカーや商社などアグリビジネスの展開やICTの発達も，フードシステムの発展を支えている（藤島・伊藤編2021；池上・寶劍編2009）。

　この新たなフードシステムの特徴として，農産物の生産，加工，流通に関わる様々な主体の間でリンケージの増加と強化が進み，取引関係の長期化や内部化，固定化が進展すること，すなわちインテグレーションの形成が挙げられる。穀物や青果物などでは，売買契約や生産契約を通じたインテグレーションが普及してきた。その主な理由として，①農業生産物にスポット市場では実現が困難な新たな付加価値（新たな品種や画期的な栽培・管理方法の導入など）が生み出されること，②市場取引では十分に制御することができない様々なリスク（自然環境，価格変動など）を抑制すること——が挙げられる（宝剣2017）。

　中国においても農業インテグレーションは着実に進展し，それは人々の食生活の変化と密接に関連してきた。中国人の食生活の変化を明確にするため，図表1では国連食糧農業機関（FAO）の食料需給表（Food Balance Sheet）を利用して，中国人（大陸）の1人当たりの食品別の年間食料供給量の推移を示した。この表から明らかなように，穀物供給量は1980年代には増加傾向がみられたものの，90年代から供給量が低迷し始め，その後は減少に転じてきた。ただし2010年以降はやや持ち直し，穀物供給量は160キログラム前後で推移し，ほぼ安定した状況にある。それに対して，肉類や卵，ミルクといった畜産

図表1 中国の品目別食料供給量の推移

(単位：kg/人/年)

	穀物	野菜	植物油	果物	肉類	卵	ミルク・乳製品	魚介類
1980年	154.2	48.7	3.0	5.9	13.6	2.5	2.3	4.4
1990年	172.5	99.3	5.7	14.1	23.7	6.2	5.0	10.4
2000年	162.1	243.0	6.2	40.7	44.0	15.4	8.5	24.1
2005年	153.5	283.5	7.1	55.6	48.4	16.8	22.7	26.7
2010年	157.6	322.0	7.7	75.3	57.2	18.2	26.5	32.0
2015年	161.1	361.3	8.3	93.4	60.2	19.6	23.3	38.1
2020年	161.9	380.4	9.5	99.3	61.3	21.8	24.8	39.9
日本	107.4	94.3	15.9	33.2	53.4	19.9	46.8	46.2
台湾	117.9	99.5	24.2	96.3	87.0	15.8	23.7	29.8
韓国	144.3	192.1	23.9	47.0	78.5	12.2	8.9	55.3

（注）1）2005年まではFAOによる旧推計，2010年以降は新推計の数値である。
　　　2）日本，台湾，韓国の数値は2020年のものである。
（出所）FAOSTATの食料需給表（Food Balance Sheet）に基づき筆者作成

物の供給量は1990年代から急速な増加を示すなど，動物性タンパク質の消費が増進してきたが，2010年代には緩やかな飽和傾向も観察される。

　次に野菜と果物の供給量を見てみると，農産物の自由市場が復活した1980年代から一貫して増加傾向を示し，野菜供給量は90年代以降，果物供給量は2000年代以降に大きく増進してきたことがわかる。さらに，食の高度化や健康志向の影響も受けて，魚介類の供給量も1990年代から急速に増大し，2010年代も緩やかながら増加傾向が続いている。他方，図表1の下段には，日本，台湾，韓国の食料別食料供給量（2020年）を示したが，それらの数値と比較しても，中国の食料供給量は遜色ないレベルに達してきたことが窺える。これらのデータから，中国人の食生活が欧米化し，日本など東アジアの先進国の食生活に近づいてきたと評価することができる。

　このような食生活の変化に対応するため，中国政府は1990年代前半から農業振興政策を打ち出し始め，90年代後半に入ると農業インテグレーターである「龍頭企業」（アグリビジネスのリーディング・カンパニー）に向けた政策的支援を強化してきた。さらに2000年代には，比較優位に基づく産地形成の支援，主産地での生産技術の向上やインフラ整備の促進，農産物の品質認証の取得や品質の改善，龍頭企業と農家との連携強化などに政策の力点を置いてい

る（池上・寳劍編 2009；宝剣 2017）。これらの一連の農業政策は，「農業産業化」として総括することができる。農業産業化とは，「契約農業や産地化を通じて農民や関連組織をインテグレートすることで，農業の生産・加工・流通の一貫体系の構築を推進し，農産物の市場競争力の強化と農業利益の最大化を図ると同時に，農業・農村の振興や農民の経済的厚生向上を目指すもの」（宝剣 2017）である。

　ただし，農業産業化に必要な制度的基盤が未発達で，かつ零細農家が数多く存在する中国では，企業による農産物の買い叩きや，企業や農家による契約違反も広くみられていた。反面，龍頭企業は生産農家との契約農業を行う際，技術普及や契約履行，労働監視など多くのコストを負担せざるを得なかった。そのため，零細な農業生産者を技術指導や品質管理でサポートすると同時に，零細農家による農業経営を低コストで監視できるような組織的枠組みの必要性が高まっていた。このような経済環境のもと，「農民専業合作社」と呼ばれる農民組織が形成されてきた。

2.2　農民専業合作社の機能と展開状況

　「農民専業合作社」とは，農業技術や農業経営に関する協同組合的な組織の総称である。1980 年代から中国各地で設立されたが，90 年代末の農業産業化の本格化とともにその重要性がより注目され，2007 年には農民専業合作社法も施行された。中国の農民専業合作社は，特定（中国語で「同類」）の農作物の生産・加工・販売，あるいは特定のサービスに従事する形で組織化されてきた。そして，その設立主体は大規模経営農家や仲買人，龍頭企業や地方政府など多様であり，合作社の会員は地域内で特定品目を栽培する農家を中心に構成されている。その意味で，日本の農協（特に総合農協）とは業務範囲や設立主体など面で大きく異なっていた（宝剣 2017）。

　農民専業合作社は，会員に対する農業生産資材の一括購入や農産品の斡旋販売，農産物の加工・輸送，農業生産・経営に関する技術・情報などのサービスを提供する役割を担っている。また，一部の合作社では産地化を通じて農作物の品質統一やブランド化を行ったり，スーパーなどと直売契約を締結したりするなど，営農活動やマーケティングを強化することで，農産物の価格向上と販

売先の安定化を実現してきた（竇劍 2020）。

　農民専業合作社の普及状況を明確にするため，工商行政管理総局（現・国家市場監督管理総局）登記と農業省（現・農業農村省）公表の合作社数の推移を図表2に整理した。この図から明らかなように，2007年の合作社法の施行以降，その登記数は急激な増加をみせ，07年の2万6400社から10年には38万社，13年には98万社となった。14年以降は合作社登記の増加率がやや低下したが，18年末には登記数が217万社に増加した。

　他方，図表2には農業省公表の合作社数も表示したが，絶対数でみると登記数よりは若干少ないものの，ほぼ似通った動きを示している。ただし，2019年頃から200万社前後で停滞するなど，後述する合作社への規範化や合作社法改正の影響もみられる。また，農業省の公表する合作社の会員農家数についても，07年の210万世帯から10年には2900万世帯，13年には7412万世帯に増加してきた。15年末には初めて1億世帯を超え，農村世帯全体に占める会員農家の割合も4割を超えた（竇劍 2020）[1]。

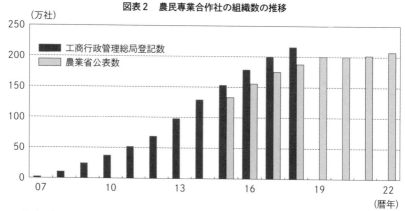

図表2　農民専業合作社の組織数の推移

（出所）『中国農業発展報告』（各年版），『中国農村経済管理統計年報』（同），『中国農村合作経済統計年報』（同）ほか各種資料より筆者作成

1　ただし，農民専業合作社の会員農家数について，2010年頃から「会員農家1億世帯」という政策目標が農業省によって掲げられていたため，その数値は水増しされていた可能性が高い。実際，農業省自体が公表する15年以降の会員世帯数は6000〜7000世帯に留まり，17年の7192万世帯をピークに減少している（『中国農村経済管理統計年報』，『中国農村合作経済統計年報』に基づく）。

　しかしながら，農民専業合作社についてはその登記数自体が政策目標となっ
ていたため，地方政府によって設立された有名無実の合作社が数多く存在する
ことも報告されている。さらに一部の合作社では違法な信用事業が行われた
り，各種の財政補助や税制優遇を受けるため，合作社の形式をとる実質的な私
企業も数多く存在していた（宝剣 2017）。このような問題を受け，中国政府は
農民専業合作社に関する各種の政策を打ち出し，その規範化を推し進めてき
た。2009 年には農業省ほかの政府部門の通達で，全国から優れたモデル合作
社を選別することを決定し，その後もモデル事業を続けることで合作社全体の
運営改善と規範化向上を図っている。

　他方，特定の農産物・サービスに業務内容が限定された合作社では，事業と
しての規模や範囲が小さくなりがちなため，規模・範囲の経済性を通じた競争
力の向上も実現しにくいといった課題も明らかになってきた。このような問題
に対応するため，中国政府は農民専業合作社法の改正を進め，2017 年末に同
法の修正案を可決した（18 年 7 月 1 日より施行）。改正法では，合作社に関す
る「同類」という規定が削除される一方で，民間工芸品の製造やレジャー，グ
リーンツーリズムといった活動も合作社の業務内容に含まれることとなった。
また，合作社による登記機関への毎年の活動報告とその情報公開が義務化さ
れ，活動実績のない合作社への認定取り消しに関する規定が盛り込まれるな
ど，合作社の活動に対する監視も強化された。

　さらに，3 社以上の合作社が連携する連合社（「聯合社」）に関する規定も追
加され，連合社としての登記や規約の制定，会員大会を通じた選挙の実施や
重要事項（投資，利潤の配分など）の決定といった規定も改正法に盛り込ま
れた。2020 年末時点で約 1 万 3000 社の連合社が組織され，連合社の平均営業
収入は合作社平均の約 3.7 倍である 113 万元（約 2400 万円）に達するという
（「農民日報」2021 年 12 月 17 日）。

　このように中国の農民専業合作社は，日本の総合農協的な機能拡充に向けた
取組みを進めており，協同組合に関する日中間での連携強化や経験の共有を
図っていく意味でも注目される。

2.3　「新しい農業経営体系」とその担い手

　龍頭企業と農民専業合作社が主導する農業産業化は，2012 年に成立した習近平政権においても，その基本路線が引き継がれた。その一方で，習政権は「新しい農業経営体系」（「新型農業経営体系」）と「適正規模による農業経営」（「農業適度規模経営」）と呼ばれる新たなスローガンも提起している。

　「新しい農業経営体系」とは，家族経営を農業の根幹として堅持しつつも，専業大規模農家や「家庭農場」，農民専業合作社や農業企業といった，新規かつ多様な経営主体よる集約的な農業経営を振興するものである。同時にそれを支える農業の社会的サービス体系の強化，例えば農業技術普及や物流の体系整備，農作業機械化サービスの提供，農産物の品質・安全に関する認証制度の整備なども提唱された。

　他方，「適正規模による農業経営」の「適正規模」について，全国一律の基準が定められたわけではない。2014 年 11 月の中国共産党中央弁公庁・国務院弁公庁の通達では，自然経済条件や農村労働力の移転状況，農業機械化水準などの要素を考慮して，土地規模経営の適正な基準を各々の地域で確定することが明記されている。そして本通達の重要な点は，農民の意に反した過度な大規模経営傾向を抑制する一方で，農工間の所得格差が解消する水準の規模経営を支援することである。さらに農業経営の規模拡大と様々な形式による適正規模での農業経営を推し進めるため，正式な土地市場取引を通じて新たな農業経営主体への農地流動化を促進することも奨励された。

　この適正規模による農業経営の担い手という観点で注目されているのが，前述の「家庭農場」と呼ばれる経営体である。「家庭農場」は，旧来の専業農家に近い経営体であるが，より大規模でかつ規範化された形で農業経営を行う専業農家のことである。農業省の 2014 年の通達によると，「家庭農場」とは農家の家族労働を主体とし，その主たる収入源が農業経営からの収入で，規模化・集約化・商品化された農業経営を行う経営体と定義される。この通達に基づき，各地の農業関連部門によって家庭農場の認定作業が行われてきた。

　農業省の公式統計（『中国農村政策与改革統計年報』）によると，2019 年の家庭農場数は約 85 万カ所で，経営耕地面積の合計は 635 万ヘクタール（全耕地面積の約 6％）に上る。家庭農場のうち，耕種業を主とする農場の比率は

62%，畜産業の比率は18%，耕種業と畜産業の複合経営の割合は12%であった。また，家庭農場当たりの平均経営面積は14.4ヘクタールで，農家の平均請負耕地面積（0.47ヘクタール）を圧倒的に上回る規模での農業経営が行われていることがわかる[2]。

　家庭農場の経営状況をより詳細に理解するため，農業省による家庭農場に関する抽出調査（『中国家庭農場発展報告』の2018年データ，約3000カ所）を利用し，その特徴を整理していく。本調査によると，農場主の平均年齢は46歳で，男性比率は88%と高く，最終学歴は中卒（44%）と高卒（28%）が中心となっている。また，農場主の職歴（複数回答）で分類すると，一般農業従事者が75%以上の割合を占め，農業以外の自営業経験者は27%，合作社の幹部経験者は24%，農業機械サービス経験者は19%となっている。そして，家族労働者の平均人数は2.71人で，そのほかに常雇い労働者のいる農場の割合は63%を占め，常雇い労働者の平均人数は4.03人であった。

　さらに，穀物生産を行う家庭農場（約1057カ所）に対象を絞り，実際の経営状況をみていくと，平均経営面積は28ヘクタールで，総収入と純収入の平均額はそれぞれ65万元と16万元であった。経営面積のうち，82%の農地は貸借によって集積され，借入元の農家数の平均は50世帯（中央値は24世帯）で，74%の家庭農場は1カ村のみから農地を借り入れている。次に穀物の販売先（複数回答）でみると，産地仲買人と政府向けに販売する比率が高く，それぞれ全体の7割と5割を超えている。その他の販売先として，農産物の加工企業向けは2割程度と若干高いものの，卸売市場での販売やネット通販，合作社やスーパー向けの販売などはいずれも1割を下回った。また，合作社や龍頭企業との間で契約販売を行う割合は28%にとどまり，合作社への加入率も35%，龍頭企業と密接に連携（技術普及，販売，資材購入など）する割合も27%と相対的に低く，農業経営体間の業務提携はそれほど盛んではない。

　このように穀物生産を担う家庭農場の多くは，特定の行政村を基盤に地元の

2　家庭農場数について，2020年以降の公式統計の数値も存在する。しかしながら，定義変更（一定基準を満たした大規模農家や専業農家も家庭農場に含める）の影響で，家庭農場数は2020年には347万カ所，2021年には391万カ所（『2022中国農業農村統計摘要』）に急増したことから，本章では定義変更以前の数値を採用した。

農地を集積しながら大規模な農業経営を展開していることがわかる。その一方で，2018年時点では他の事業体との連携はそれほど密接ではなく，販売先も伝統的なルートに依存する傾向が強いといった特徴も指摘できる。

3．農業経営変容の構造的背景とICTを活用した新たな農業の展開

　前節では，農業産業化の内実と農業の新たな担い手の実態について，政策文書と統計データに基づいて考察してきた。習近平政権下では，農業経営の規模拡大が特に推奨されたが，その背景には中国農業を取り巻く近年の社会経済構造の変容と，農産物輸入の顕著な増大といった要因も存在する。さらにインターネットの急速な普及により，農業経営にICTを積極的に取り入れる動きも広がってきた。そこで本節では，中国農業の構造的な変化を概説するとともに，アリババ集団による農業・農村事業での取組みを紹介していく。

3.1　農村労働市場の変容

　農業産業化を通じた経営規模の拡大は，農業就業者数の趨勢的な減少と農村雇用労働の断続的な賃金上昇と密接に関連している。図表3では，第1次産業の就業者総数と「就業者比率」（全就業者に対する第1次産業就業者の比率），そして「GDP（国内総生産）比率」（GDP合計に対する第1次産業GDPの構成比）を示した。まず第1次産業就業者数の変化をみていくと，1990年時点で3億8914万人の就業者数は90年代半ばに減少したものの，2000年前後には増加に転じて3億6000万人前後の水準にとどまった。しかしながら，04年以降は就業者数の減少傾向に歯止めがかからず，10年には2億7931万人，20年には1億7715万人に減少するなど，第1次産業就業者数は30年間で半分以下となった。

　この就業者の絶対数の減少とともに，就業者比率にも明確な低下傾向が観察され，1990年の60.1％から2000年には50.0％，10年には36.7％，そして20年には23.6％に低下してきた。他方，第1次産業のGDP比率は，1990年には26.6％，2000年には14.7％に低下し，就業者比率よりも一貫して低い水準にあった。このことは，第1次産業の就業者当たりGDPが，その他産業の就業

図表3　第1次産業就業者とGDP比率の推移

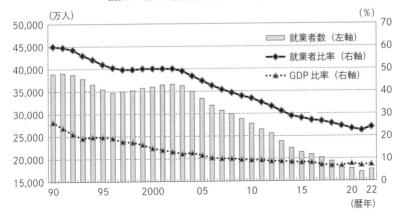

（出所）『中国統計年鑑』（各年版）より筆者作成

者当たりGDPを顕著に下回っていること，すなわち第1次産業の収益性の低さを示唆している。ただし，2000年代に入ると農業産業化の振興によって，第1次産業のGDPは相対的に高い成長率を実現し，GDP比率は10％弱の水準を保った結果，GDP比率と就業者比率との格差も徐々に縮小してきた。

　では第1次産業就業者数の趨勢的な減少が，農村の雇用労働市場に対してどのような影響をもたらしているのか。そのことを考察するため，農産物の生産費調査（『全国農産品成本収益資料』）の「農業雇用労働賃金」を利用する。「農業雇用労働賃金」とは，農産物（本章ではコメ，小麦，トウモロコシの平均データを利用）の生産にあたって，家族以外の労働者（短期雇用労働者と長期契約労働者の双方を含む）を雇用する際に実際に支払った費用の合計で，雇用賃金に加えて被雇用者向けの飲食費や住居費なども含まれる。このデータから雇用労働者当たりの平均日給（1日8時間労働として計算）が推計されており，農村消費者物価指数（CPI，1998年＝100）を利用して筆者は実質日給の計算も行った。

　農村雇用労働者の日給の推移を示した図表4をみると，1998年から2004年頃までは名目・実質にかかわらず，日給の水準は20元程度で推移し，ほとんど変化していなかった。しかしながら05年以降は日給（名目）の顕著な増加傾向が示され，10年には61元，15年には112元，22年には144元に達し，

図表4　農村雇用労働者の労賃（日給）の推移

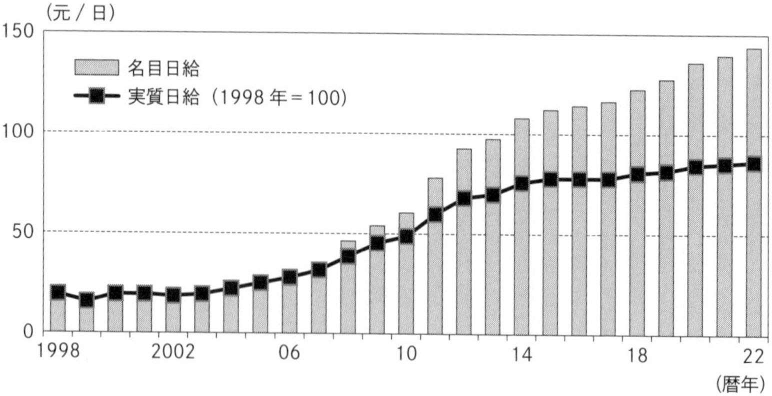

（出所）『全国農産品成本収益資料匯編』（各年版），『中国統計年鑑』（同）より筆者作成

日給は17年間で約5.5倍になった。また，農村CPIで調整した実質日給でみても，05年の24元から22年には86元に上昇するなど，2000年代半ば以降の農村雇用労働者の賃金上昇が顕著であったことがわかる。

　この農村雇用労働者の賃金上昇による影響は，実際に雇用される労働者にとどまらず，農業従事者の機会費用が高まることも意味する。すなわち，家族農業であっても自家労働の潜在的な賃金が大きく上昇するため，より収益性の高い農業経営を行い，市場賃金に見合った農業所得を獲得することができなければ，農業就業者の農業からの退出確率を高めるのである。そのため，引き続き農業に従事する労働者は，農家間の連携や経営規模の拡大を通じて，農産物の付加価値の向上（品質の統一化，ブランド化など）を図るとともに，省力化や効率化による生産コストの削減が一層必要となってきている。

3.2　農産物輸入の増大による構造的な貿易赤字化

　他方，中国政府は建国から一貫して食料安全保障を重視してきたが，経済のグローバル化のなかで食料安全保障政策の内実は揺らぎ始めている。その主たる要因は，2000年代後半からの農産物（畜産物，水産物も含む）の輸入増大と，それに伴う農産物貿易赤字の常態化である。

　図表5には中国の農産物貿易の推移を示したが，1995年から2000年代半ば

図表5　中国の農産物貿易の推移

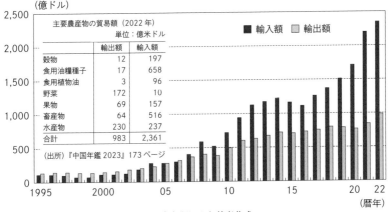

主要農産物の貿易額（2022年）単位：億米ドル		
	輸出額	輸入額
穀物	12	197
食用油糧種子	17	658
食用植物油	3	96
野菜	172	10
果物	69	157
畜産物	64	516
水産物	230	237
合計	983	2,361

（出所）『中国年鑑2023』173ページ

（出所）『中国農産品貿易発展報告』（各年版）より筆者作成

　の農産物の輸出入額はそれぞれ500億ドル（約7兆2000億円）を下回り，中国側の若干の輸出超過であった。しかし2000年代後半には搾油・飼料用の大豆の輸入が急増し，大豆の輸入量は10年代後半には約1億トンに達した。それに加えて，豚肉などの畜産物や果物，水産物の輸入も徐々に増大し，20年以降はトウモロコシ輸入量も1000万トンを上回っている。

　このように，中国の農産物輸入額は2010年の726億ドルから20年には1719億ドル，22年には2361億ドルに増大する一方で，農産物輸出額は10年代前半から800億ドル前後にとどまっていた。その結果，農産物の貿易赤字額は10年の232億ドルから，22年には1378億ドルに増大したのである。図表5に表示した内訳（2022年）をみると，食用油糧種子（主に大豆）と畜産物の赤字額が非常に多く，それらに次いで穀物と果物も大幅な赤字となっていることがわかる。

　図表4で示したように，中国は元来，農業雇用労働者の賃金が安く，青果物などの労働集約的な農作物において比較優位があり，青果物や加工食品などを先進国向けに輸出してきた。他方，土地集約的な農産物である小麦や大豆などの穀類は，米国やオーストラリアなどの大規模農家が比較優位を有している。そして2001年の世界貿易機関（WTO）加盟時に，中国は主要穀物（コメ，小麦，トウモロコシ）の輸入割当枠を維持したが，大豆については輸入を事実上

自由化したため，中国は南米やアメリカからの大豆輸入が急増する事態に見舞われている。このような状況を受け，中国政府はそれまで堅持してきた食料安全保障政策（穀類の他に豆類やイモ類も含む「食糧」の自給率を95％以上とする政策）を2014年から大きく調整した。すなわち，主食用穀物（小麦とコメ）は引き続き高い自給率を堅持する一方で，大豆などの飼料用作物の輸入を追認する方向に舵を切ったのである（寶劍 2020）。

　しかしながら，主食用も含む中国の穀物生産は収益性が低く，農業生産者による生産意欲も相対的に低いため，中国は政府買付価格の引き上げによって穀物の生産量を維持することを余儀なくされている。さらに，中国が大量に輸入する大豆は，米国産大豆の割合が30％前後を占め，トウモロコシに至っては，2021～22年には米国産の割合が約7割に達するなど，同国への依存度も非常に高い状態にある。

　もちろん，主食用穀物に関する中国の自給率は9割を超えており，その他の多くの農産物も高いレベルの生産量を保持しているため，日本農業のような状況にはない。ただし，14億人もの膨大な人口を抱える中国が，国内の農業生産基盤を保持して農産物の生産力を維持していることは，国内経済のみならず，世界の農産物市場の安定にとっても極めて重要である。その意味で，農業経営の規模拡大と新たな担い手の育成への支援は，適切な農業政策と評価することができる。その一方で，米国産の大豆とトウモロコシの輸入比率が高いことは，米中経済摩擦と関連して大きな懸念材料である。そのため，中国はブラジルや中央アジア諸国など新たな貿易相手国との農産物貿易に着手するなど，リスクヘッジを考慮した新たな貿易戦略も模索している（森 2023）。

3.3　ICTを活用した農業の活性化：アリババの事例を中心に

　最後に，中国農業をめぐる新たな潮流について概説していく。2010年代以降のインターネットの普及のなか，ICTを積極的に活用するスマート農業やネット通販，ライブ配信などのeコマースも進展し，中国のフードシステムにも大きな変化が発生している。とりわけ，スマートフォンの急速な普及は，その大きな原動力となってきた。

　『中国互聯網絡発展状況統計年報』（各年版）によると，2010年の中国人の

インターネット普及率は，都市部では 46.9％，農村部では 18.6％であったが，15 年にはそれぞれ 65.8％と 31.6％，22 年にはそれぞれ 83.1％と 61.9％に上昇している。また，インターネット利用者に対する実際の利用方法（複数回答，2022 年）に関する質問では，スマートフォン利用の割合が 99.8％であるのに対し，ノート PC とタブレット PC 利用の割合はそれぞれ 32.8％と 28.5％と低い水準にある。他方，国家統計局の家計調査によると，世帯当たり平均の携帯電話所有台数は農村・都市住民ともに 2010 年頃には約 2 台で，22 年には全国平均で 2.6 台となったが，同年のコンピュータの平均保有台数は 0.48 台に留まった。このことから，スマートフォンが日常的なインターネットアクセスの手段になっていることがわかる。

　そして中国農村全体でみると，ネット通販の販売総額は 2014 年の 1800 億元から，17 年には 1 兆 2450 億元，21 年には 2 兆元を上回るなど，農村部の電子商取引の発展には目を見張るものがある（中国国際電子商務中心 2022）。この急成長の背景には，中国政府による農村部のインフラ整備の強化に加え，政府と協力しながら農村部での電子商取引を推進してきた中国最大の e コマース企業であるアリババ集団の貢献も存在する。

　具体的に説明していくと，アリババは 2014 年 10 月に，企業発展の 3 大戦略の 1 つとして農村電子商取引を掲げ，「千県・万村計画」をスタートさせた。この計画では，今後 3〜5 年の間に 100 億元を投資し，1000 カ所の県でのサービス・センターと 10 万店の村レベルのステーションを設立するとともに，各地の政府との協力しながら，ネット通販商品の農村配送と農産物の都市向け販売の増進を目指している。16 年末時点で，549 カ所の県レベルのセンターと 2 万 7000 店の村レベルのサービス・ステーションが設立されたという[3]。

　さらにアリババ集団は，自社が運営する e コマースサイトの「タオバオ」（淘宝）ショップが集中する村を「タオバオ村」と認定し，電子商取引を通じた農業・農村発展を支援してきた[4]。タオバオ村の推移を整理した図表 6 から

3　阿里研究院 HP（http://aliresearch.com/）2017 年 12 月 19 日付け記事，『淘宝論壇』（https://cuntao.bbs.taobao.com）2017 年 4 月 1 日付け記事（いずれも 2019 年 3 月 7 日閲覧）。
4　「タオバオ村」の認定基準は，電子商取引額が 1000 万元以上の商店で，かつ活動中のネットショップが 100 店以上（あるいは全世帯数の 10％以上）の行政村というものである。

図表6　タオバオ村の推移

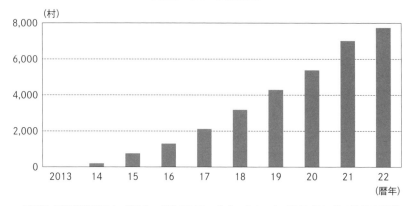

（村）

（出所）阿里研究院ほか（2020），義烏 WeChat 公式アカウント（2022年11月4日付け記事）より筆者作成

わかるように，その認定数には順調な増加がみられる。2013年にはわずか20カ村（3省のみで認定）であったタオバオ村は，17年には2118カ村，20年には5425カ村，22年には7780カ村に増加し，タオバオ村の認定地域も28省（自治区・直轄市）に広がった。そのうち，電子商取引の取引額が1億元以上のタオバオ村は20年時点で745カ村となり，タオバオ村全体の総取引額は1兆元を超え，828万人に就業機会を提供したという。また，20年時点で88％のタオバオ村ではライブコマースが行われ，その販売額は120億元に達している（阿里研究院ほか2020）。

　そのなかで農産物に注目すると，アリババ集団は2010年から農産物のネット取引を開始し，その取引額は10年の37億元から，15年には696億元に増加した。そして2010年代後半には，農産物のネット取引は飛躍的な発展をみせ，20年の取引額は3037億元に達した[5]。さらにアリババは，16年に生鮮スーパー「フーマー・フレッシュ」（「盒馬鮮生」）の事業を開始し，23年9月現在で350以上の実店舗を29都市で運営している。フーマー・フレッシュは通常のスーパーに加え，会員向けスーパーからコンビニ型店舗，アウトレット店舗などを様々な事業形態で，北京市や上海市など大都市を中心にスーパー事

5　『農産品電子商務白皮書』（各年版），阿里研究院 HP（http://aliresearch.com/）2021年6月5日付け記事（2024年1月12日閲覧）に基づく。

業を展開する。

　このフーマー・フレッシュの特長は，電子商取引の技術を積極的に活用した経営を行っている点にある。具体的には，ビッグデータに基づく栽培管理や販売予測などを行った上で，「店舗の半径３キロメートル以内であれば，ネット注文 30 分以内の商品配送」という迅速な配送サービスを展開し，店舗に陳列した生鮮食品の当日売り切りを打ち出すなど，既存の食品スーパーとの差別化を図っている[6]。ただし 2016 年の開業以降，フーマー・フレッシュは赤字経営が続き，コロナ禍の影響もあってスーパー事業は想定通りに進展しなかった。そのため，物流網の強化や商品ラインナップの改善，事業間の連携強化（スーパーなどの売れ残り商品をアウトレット店舗に持ち込み，値引き価格で販売）など，経営方針の大幅な見直しを行うことで，22 年には黒字化を実現したという[7]。

　また，フーマー・フレッシュは四川省丹巴県において，産地と直売契約を締結する「盒馬村」の事業を 2019 年 7 月からスタートさせた。フーマー・フレッシュは契約農業による安定的な取引を行うことで，「盒馬村」の６次産業化やサプライチェーンの効率化・強化を推し進めることを目指している。例えば，甘粛省民勤県の蒙古ネギや湖北省の藕帯（育つ前のレンコン）などの在来種の野菜は傷みやすく，消費範囲が地元に限定されていた。そこでフーマー・フレッシュは産地と連携することで，物流の効率化や傷みにくい品種への改良を促進するとともに，予想販売額に基づく生産計画を作成することで，中国各地の特産品を消費者に届けてきたという[8]。23 年 5 月時点で 185 カ村（25 省）が「盒馬村」として認定され，そのうち 41 カ村では有機農産物の生産が行われ，生産基地から取り寄せた 699 商品がスーパーで販売されている[9]。

　その一方でフーマー・フレッシュは，サプライチェーンの垂直統合と経営コ

6　「盒馬 9 月開店提速 新鮮門店数将突破 350 家」フーマー HP（https://www.freshippo.com）2023 年 9 月 19 日付け記事（2024 年 1 月 6 日閲覧）。

7　「『既存スーパーの売上 4 倍』からさらに進化，フーマフレッシュが見つけた "次の金脈"」『ビジネス＋ IT』（https://www.sbbit.jp/article/cont1/111596）（2023 年 11 月 15 日閲覧）。

8　「農家と消費者をダイレクトに結ぶ！デジタルで導く中国農業の産業化」『Alibaba News Japanese』（https://jp.alibabanews.com/media-library/?post_id=2458）（2024 年 1 月 6 日閲覧）。

9　「共建共富 "盒馬村" 中国郷村発展基金会与盒馬簽署戦略合作」『央広網』（https://www.cnr.cn/）2023 年 7 月 21 日付け記事（2024 年 4 月 28 日閲覧）。

ストの削減による商品値下げを一層強化する方針を 2023 年 10 月に打ち出した。具体的には，主要商品については市場価格の 7 割（3 割引），自社ブランド商品は 5 割，期限間近の商品は 3 割の価格で販売（「753 価格体系」）することを将来的に目指すという。その目標を達成するため，自社ブランド商品の強化や OEM 商品の開発，新たなサプライヤーの開拓などを通じた価格競争力の強化や SKU（Stock Keeping Unit，在庫管理単位）の調整（現行の 5000SKU 前後から 2000〜3000SKU への引き下げ）なども図られている[10]。

　さらに 2024 年の春節明け以降，武漢市や西安市などの店舗において，加工センターや配送の業務担当者が直接雇用から外部組織に転籍させられたり，それらの業務を外部業者に委託したりするなど，コスト削減の取組みを一層強化してきた。他方，2024 年 1 月からは配送費に 1 回当たり 1 元の包装費が追加され，2 月からは無料配送の最低購入額の引き上げ（北京市では 49 元から 99 元）や会員特典の変更（無料配送の 1 日 1 回限定など）も行われた[11]。

　このようにフーマー・フレッシュはコスト削減に向けた取組みを急速に強化してきたが，その最中の 2024 年 3 月 18 日にはフーマー・フレッシュの創業者兼 CEO である侯毅氏の満 60 歳での定年退職と首席名誉顧問への転任を発表するなど，今後の経営面での不確実性も高まっている[12]。フーマー・フレッシュは e コマース企業として農産物流通のなかで独自の存在感を示し，農業・農村への中長期的な支援も打ち出す一方で，地元の大手スーパーや外資系の大型量販店との厳しい競争の渦中にもある。この状況のなか，スーパー事業において安定的な収益を如何にして確保し続けられるかは，フーマー・フレッシュの今後を占う大きな試金石となっている。

10　「盒馬推折扣化変革 CEO 侯毅決心告別 KA 模式」『財新網』（https://www.caixin.com/）2023 年 11 月 23 日付け記事（2024 年 4 月 10 日閲覧）。

11　「盒馬全面降成本　折扣化探索能否成功」『財新網』2024 年 3 月 11 日付け記事（2024 年 4 月 10 日閲覧）。

12　「阿里再現人事調整　侯毅卸任盒馬 CEO」『財新網』2024 年 3 月 18 日付け記事（2024 年 4 月 10 日閲覧）。

4．おわりに

　本章では，中国流の農業インテグレーションである農業産業化に焦点をあて，その振興政策と新たな担い手による農業経営の動向を検討するとともに，中国農業を取り巻く近年の社会経済構造の変容を考察してきた。さらに2010年以降のインターネットの急速な発展のなか，農業に ICT を積極的に取り入れるアリババ集団の農業・農村事業に注目し，その実情と役割についても検討した。

　全体的な結論として，中国政府は2000年代には零細農家の連携強化を中心とする農民専業合作社の振興を重視してきたが，2010年前後からは経営規模がより大きく，専門性も高い家庭農場を農業産業化の新たな牽引役に据え，農業の経営規模拡大と競争力強化に向けた施策を強化してきたことが指摘できる。その背景には，農業就業者の趨勢的な減少と農村雇用労働者の賃金上昇，そして土地利用型品目を中心とした農産物貿易赤字の常態化などの構造的な課題が存在することも明らかになった。

　そしてこれらの課題の多くは，日本農業も直面してきたものであり，その意味で地域農業の振興に向けた日本の経験が参考になる。例えば，地方行政や農協，農業生産者（生産法人）や食品業などの農業関連団体が地域全体として連携し，人材の育成や食品産業クラスターの構築，6 次産業化の推進などに取り組んでいく事例（小田ほか編 2019）は，中国農業にとっても示唆的であり，地方政府の裁量権がより大きい中国では実行に移し易いと考えられる。その一方で政府主導型の事業は，地域の実情と乖離したり，補助金依存になりがちであったりするなどの問題も多いため，地元住民や農業経営体による主体的な参加も欠かせない。

　他方，中国農村部での e コマースの増進において，農村部の物流網や販売拠点の整備に尽力するなど，アリババ集団は重要な役割を果たしてきたことも明確になった。そしてアリババが運営するスーパー事業では，産地からの農産物の仕入れにとどまらず，販売情報を産地に直接フィードバックし，農産物の品種や栽培方法などを調整するなど，e コマースの手法をフードシステム全体に

取り入れていることも特徴的である。

　このような中国農業における e コマースの展開は意欲的なものであり，栽培・販売情報の電子化やライブ配信なども含め，むしろ日本農業が中国に学ぶべき点も少なくない。しかしながら，農業分野への ICT の活用では技術面が先行してしまい，現場レベルで必要とされる技術と十分にマッチしない傾向もみられる。また，新技術導入に伴う初期費用やその維持費，そして導入によって節約できる個別の業務内容や，新たに生み出される情報と付加価値といった側面について，慎重かつ具体的な検討も必要不可欠である。したがって，中国農業の ICT 活用において，地元農業の実情やニーズを十分に汲み取りつつ，価格面や機能面で適正な水準に調整された技術を選択的に導入していくことが，一層求められている。

参考文献
（日本語）
池上彰英・寳劔久俊編（2009）『中国農村改革と農業産業化』アジア経済研究所
小田滋晃ほか編（2019）『「農企業」のムーブメント：地域農業のみらいを拓く』昭和堂
中国研究所編（2023）『中国年鑑 2023』明石書店
藤島廣二・伊藤雅之編（2021）『フードシステム』筑波書房
宝剣久俊（2017）『産業化する中国農業』名古屋大学出版会
寳劔久俊（2020）「中国農業の構造調整と新たな担い手の展開」川島真・21 世紀政策研究所編『現代中国を読み解く三要素』勁草書房，pp. 64-90
森路未央（2023）「食糧の輸入急増と輸入調達戦略」『中国経済経営研究』第 7 巻第 1 号，pp. 3-19
（中国語）
阿里研究院・陶宝発展聯盟・阿里新郷村研究センター（2020）『2020 中国陶宝村研究報告』（http://www.aliresearch.com/）
阿里研究中心（各年版）『農産品電子商務白皮書』（http://www.aliresearch.com/）
国家発展改革委員会価格司編（各年版）『全国農産品成本収益資料匯編』中国統計出版社
国家統計局（各年版）『中国統計年鑑』中国統計出版社
農業省農村経済体制与経済管理司・農業省農村合作経済経営管理総站編（各年版）『中国農村経済管理統計年報』中国農業出版社
農業省農村経済体制与経済管理司・中国社会科学院農村発展研究所編（各年版）『中国家庭農場発展報告』中国社会科学出版社
農業農村省国際合作司・農業貿易促進中心編（各年版）『中国農産品貿易発展報告』中国農業出版社
農業農村省農村合作経済指導司編（各年版）『中国農村合作経済統計年報』中国農業出版社
農業農村省政策与改革司編（各年版）『中国農村政策与改革統計年報』中国農業出版社
中華人民共和国農業省（各年版）『中国農業発展報告』中国農業出版社
中華人民共和国農業農村省（各年版）『中国農業農村統計摘要』中国農業出版社
中国国際電子商務中心編（2022）『中国農村電子商務発展報告 2021-2022』（https://ciecc.ec.com.

cn/index.shtml）

中国互聯網信息中心編（各年版）『中国互聯網絡発展状況統計年報』（https://www.cnnic.cn/6/86/
88/index.html）

第**9**章

日本企業，厳しい「競合」の時代に
——問われる戦略性，中国から「学ぶ」

日本経済研究センター 首席研究員

湯浅 健司

◉ポイント

▶中国の産業界では様々な中国企業が台頭する一方で，彼らとの競争に敗れ，中国から撤退する日本企業が目立っている。反スパイ法が強化されるなど，習近平指導部の統制強化の影響もあって，外資全体でも対中直接投資額は減少傾向にある。

▶日中の経済関係は「競合」の時代を迎えている。もっとも，国際収支統計をみると，日本が中国から得る投資収益は年々，着実に増加している。競合に打ち勝ちリスクを乗り越えて，中国市場に定着しようと挑戦する企業も少なくない。

▶中国で生き抜くには，今後，ますます情報収集が大切になってくる。そのためには企業団体である商工会の機能を強化したい。さらには優秀な中国人材を積極的に活用したり，競争力のある中国企業と連携してビジネスを学ぶことだ。「中国に倣う」という謙虚な姿勢が日本企業に求められる。

◉注目データ ☞　中国への直接投資は急速に減少している

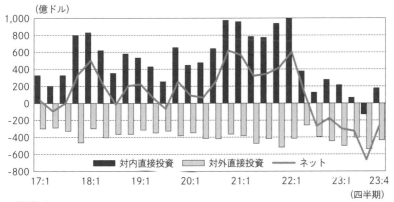

（億ドル）

対内直接投資　　対外直接投資　　ネット

17:1　18:1　19:1　20:1　21:1　22:1　23:1　23:4

（四半期）

（出所）Haver

1．中国企業に敗れる日本企業～市場から撤退相次ぐ

　日本と中国が1978年8月に平和友好条約を締結してから半世紀が過ぎた。文化大革命で国力を疲弊させていた中国はこの間，日本など海外からの投資と技術導入を原動力として，劇的な経済発展を遂げた。国内総生産（GDP）の規模で日本をはるかに凌ぐ大国となり，企業の技術力や資本力が高まるとともに，日中両国の関係も「協力」から「競合」へと大きく変容しつつある。日本側は事業環境の悪化に加えて現地企業との競争に耐えられず，中国市場から姿を消す企業がここ数年，珍しくなくなっている。

1.1　三菱自動車の衝撃～「自動車大国」日本の一角が敗退

　「弊社は1人民元（約20円）の対価を以って，三菱自動車と三菱商事が保有する広汽三菱の全株式を譲り受け，広汽三菱を全額出資子会社とする」。2023年10月24日，広州汽車集団が発表した一篇の公告は，日本を代表する自動車メーカーが，わずか20円という代価しか得られずに中国市場から撤退するという，厳しい敗北宣言となった。

　この日，三菱自動車は中国の自動車生産から撤退すると発表した。三菱商事とともに50％を出資していた広汽三菱から資本を引き揚げ，中国で唯一の完成車の生産拠点だった湖南省長沙工場での生産を完全に終了。同工場は合弁相手の広州汽車集団が引き継いだ。

　広汽三菱は2012年の設立。ピーク時（2018年）は年間14万台を販売し，三菱自動車全体の1割強を占める規模になったこともある。だが，中国で急速に普及し始めた電気自動車（EV）を手掛けておらず，中国ブランドのEVとの競争にさらされて苦戦。販売規模は21年が6万6000台，22年は3万8500台とじり貧を続けた。同年秋には巻き返しのため，三菱自動車本体の主力車「アウトランダー」をハイブリッド仕様で投入した（写真）が効果はなく，23年3月から長沙工場の操業を休止していた。

　中国で苦戦する日本の自動車メーカーは三菱だけではない。トヨタ自動車，日産自動車，ホンダの大手3社の2023年の中国での新車販売台数はそれぞれ

写真1　広汽三菱が 2022 年 11 月に投入した「アウトランダー」

（出所）同社 HP より

前年比で 1.7％，16.1％，10.1％減少と，2 年連続でいずれも前年実績を割り込んだ。三菱同様，中国での EV 展開が後手に回っているのが最大の要因だ。販売不振を受け，トヨタは 23 年 7 月，広州汽車集団との合弁会社，広汽トヨタの従業員 1 万 9000 人のうち約 1000 人を削減。ホンダも広州で 1 万 3000 人の従業員の 1 割弱に当たる 900 人との契約を解除した。24 年 3 月には日産が「中国の自動車生産能力を最大で 3 割減らす検討に入った」との報道[1]も流れた。

1.2　中国ブランドに力及ばす

　日本企業の中国進出は 1990 年代以降，改革開放路線が本格化するとともに右肩上がりで拡大してきた。労働賃金や不動産価格などが他の国と比較して相対的に割安だったことから，進出企業は低コストで製品をつくり，それを海外や消費熱が高まりつつあった中国国内で販売し，高い利益を得ることができた。帝国データバンクがまとめている日本企業の中国進出動向調査によると，同調査を始めた 2010 年以降で進出企業数が最も多かったのは 12 年時点の 1 万4394 社。中国の高度成長期の末期に当たる年で，その後は経済成長率の鈍化とともに日系企業の撤退や事業縮小が少しずつ増えていき，22 年時点の進出企業数は 12 年比で 12％減の 1 万 2706 社となった。

　中国市場からの撤退や事業縮小の主な理由はこれまで①経済環境の変化によ

1　「日産，中国生産能力 3 割削減」『日本経済新聞』2024 年 3 月 13 日朝刊。

図表 1　2023 年に明らかになった日本企業の中国事業撤退・縮小例

1 月	マルエツ, スーパー経営の子会社株を中国企業に譲渡して事業から撤退
2 月	グンゼ, 山東省でのストッキング生産を終了
3 月	京セラ, 天津市の太陽光パネル工場を閉鎖。中国企業との競争激化などから
	コマツ, 建機の生産能力を 4 割削減
7 月	トヨタ自動車, 広州で従業員約 1000 人を削減
8 月	花王, 中国での紙おむつ生産終了
	帝人, 自動車向けの複合成形材料事業を手掛ける中国子会社を地元企業に売却
10 月	三菱自動車, 中国から事業撤退を発表
12 月	ホンダ, 広州で従業員 900 人削減

(注)　月は事業撤退などが明らかになった時期

る販売不振②人件費の高騰や人手不足③法律や商慣習の違いによる摩擦④中国側パートナーとの食い違い——などが多かった。しかし, 最近では三菱自動車のように, かつては日本企業が圧倒的な競争力を誇っていた産業分野において中国企業が急速に実力を高め, 彼らとの競争に敗れ去るケースが目立つ。

　図表 1 は 2023 年に明らかになった日本企業が中国事業から撤退, あるいは事業を縮小した主な例だ。中でも三菱自動車と並んで目を引くのが, 花王の「紙おむつ生産終了」である。

　同社の「メリーズ」シリーズは日本を訪れた中国人観光客に人気で, 彼らが日本で大量に買って帰る「爆買い」の代表商品だった。中国本土での人気を見込んで 2009 年から輸入販売を始め, 12 年には安徽省合肥市に工場を設けて現地生産も開始。通気性や肌触りの良さが消費者に受け入れられ, ピーク時には中国市場の 10% 程度のシェアを獲得したとみられる。ただ, 10 年代後半から「キアウス」「ベビーケア」といった中国ブランドが立ち上がり, 20 年前後には日本勢が得意とした薄型のおむつを製造するようになると, 市場シェアを花王など外国ブランドから奪い始めた。

　最近では若者らの間で中国ブランドを好んで購入する「国潮[2]」ブームも

2　「国内」と「流行する (中国語:潮流)」を掛け合わせた造語。中国の文化, 伝統の要素を取り入れた, おしゃれな国産品のトレンドを指す。中国の報道などによると 2018 年ごろから使われるようになった。当時, 中国のスポーツブランド, 李寧 (リーニン) がニューヨークのファッションショーで漢字や中国人が伝統的に好む赤色をデザインに取り入れ, 大きな反響を呼んだことがきっかけという。

あって，「価格が同じなら中国ブランドの方が品質が良い」とまで言われるようになってしまった。紙おむつ市場そのものは拡大する一方，花王はシェアを大きく落とし，やむなく 2023 年 8 月に合肥工場の生産を停止。中国での販売は再び日本からの輸入品のみに切り替えることになった。同社は主力の化粧品でも中国ブランドの攻勢にさらされ，事業の再強化策を模索中だ。

1.3　本社の業績にも影響

　およそ 30 年に及ぶ対中投資の盛り上がりから，収益の多くを中国に依存するようになった日本企業は少なくない。好調時には本社の業績向上に大きく貢献するが，中国での事業環境が悪化すると，逆に本体の業績の足を引っ張ってしまう。日本経済新聞が上場企業の 2023 年 7〜9 月期決算を集計したところ，特に中国への依存度が高い 17 社のうち，12 社の損益が悪化した[3]。上場企業全体は増益基調にある中，17 社の純利益合計は前年同期比で 2 割減ったという。

　17 社のうち，ファナックは中国の売上高が 27％ も落ち込み，全体の純利益も 20％減の 336 億円と 4 年ぶりの減益となった。工作機械の数値制御装置などファクトリーオートメーション（FA）機器が落ちこんだ。FA ではキーエンスやオムロンも，中国の設備投資の低迷が影響し，中間期の連結ベースの減益を招いた。一般機械でもニデックは中国の EV 向けモーターの不振で 10％の減収となっている。

　不動産関連の企業も打撃を受けている。TOTO は中国での営業利益が従来計画を大きく下回る見通しなどのため，2024 年 3 月期の業績予想を下方修正した。

2．ブレーキかかる外資の対中投資

　中国で苦戦するのは日本企業だけではない。業績不振や将来の成長性が見通せず中国を離れる外資は後が絶たず，逆に中国への新規投資は急ブレーキがか

3　「中国減速，日本企業に打撃　ファナックや村田製作所減益」『日本経済新聞』2023 年 11 月 1 日。

かってきた。

2.1 初めて直接投資がマイナスに～資本回収が新規投資上回る

中国国家外貨管理局のまとめた国際収支表によると，2023年7～9月期の海外からの直接投資は118億ドル（約1兆7000億円）のマイナスとなった。マイナスは統計を遡ることができる1998年以来，初めて。外資企業が工場新設など新規投資をした規模より，中国事業の縮小や撤退などによる資本回収の規模が上回った可能性がある。

外資の直接投資は新型コロナウイルスの感染が拡大初期の2020～21年は高水準で推移していた。しかし，コロナ禍が長期化し，上海のロックダウン（都市封鎖）で経済が大きく混乱したり，習近平指導部の強硬姿勢に対する市民の反発が強まったりした22年4～6月から，一転して大きく落ち込むようになっていた。23年通年の直接投資は330億ドルの流入超とはなったが，前年比では8割減となり，30年ぶりの低い水準にとどまった。

対内投資が低調な一方で，中国企業が海外に投資する動きは活発だ。人件費などが有利な東南アジアなどに工場進出するケースが増えており，2023年7～9月期は総額540億ドルにのぼった。これにより同期の直接投資全体の流出額（ネット）は658億ドルと，これも過去最高となった（図表2）。

図表2　中国の対内・外直接投資の推移

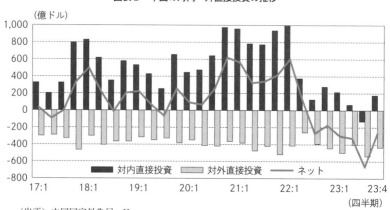

（出所）中国国家外為局，Haver

　商務省の統計をみても，対内直接投資の後退ぶりは鮮明だ。2023年の中国本土への直接投資額（実行ベース）は前年比8.0％減の1兆1339億1000万元。製造業向けの直接投資実行額は1.8％減と小幅のマイナスだが，サービス業が13.4％減と大幅に落ち込んだ。

　対内直接投資全体の減少幅は2024年に入って1～2月が19.9％と，一段と拡大している。商務省は23年8月以降，ドル建ての直接投資額を公表していない。一部の推計では，ドルベースの23年の金額は前年同月比で16％も減少したという。

2.2　改正反スパイ法に戸惑う外資～取り締まり対象が拡大

　海外からの中国への投資が敬遠される理由の1つに，強権化を進める習近平指導部による，民間企業への締め付けがある。中国では習・総書記（国家主席）の異例の3期目入りが決まった2022年秋の第20回中国共産党大会に前後して，アリババ集団など大手民間企業に対する国家の統制強化が目立つようになった。その動きは外資系企業にも及びつつあり，統制強化につながると懸念される法律として改正「反スパイ法」と「データ3法」がある。

　改正前の反スパイ法は2014年11月に施行された。日本の外務省などによると，法施行に伴って中国側に拘束された日本人は16人[4]。16人という数字は先進国では圧倒的に多いとの見方もある。うち11人はこれまでに帰国したが，4人は拘束や服役中で，1人は病死したという。

　例えば，湖南省長沙市で2019年7月に50代の日本人男性がスパイ行為をしたとして国家安全当局に拘束され，23年2月に懲役12年の実刑判決を受けている。男性は上訴したが11月に棄却され，判決が確定した。この16人に加えて，23年3月にはアステラス製薬の現地法人幹部が日本に帰任する直前に拘束され，10月に正式に逮捕されてしまった。

　2023年7月には「スパイ行為」の定義が拡大された改正スパイ法が施行，外国のビジネスパーソンらが巻き込まれる恐れが懸念されている。

　条文などによると，改正前はスパイ行為を「国家機密」の提供に絞っていた

4　2022年2月24日，自民党本部での外交部会・外交調査会合同会議での外務省説明。

が，改正後は「国家の安全と利益に関わる文書，データ，資料，物品」も取り締まりの対象となる。また，国家安全当局の権限が強まり，スパイの疑いがあれば強制的に所持品を検査できる。当局だけでなく，中国の国民にはスパイ行為を見つけた際の通報が義務付けられた。

改正法ではスパイを「スパイ組織及びその代理人」などと定めている。どのような組織や人物が「スパイ組織及びその代理人」に該当し，どのような行為が「スパイ行為」として取り調べや拘束，刑罰の対象となるかは不明確だ。法律が示す「国家の安全と利益に関わる文書」などは何なのかといった具体的な説明もなく，「これらの法律の内容が当局によって不透明かつ予見不可能な形で解釈される可能性もある」（在中国日本大使館[5]）。例えば，外国企業が市場動向や進出先のビジネス環境を把握するため，業界や政府のキーマンらと接触して得た情報でも，当局が何らかの理由からこれを妨害しようと思えばスパイ行為として取り締まることはありうる。中国の内部情報を得ようとすればするほど，その危険性は高まる。実際に，法改正に前後して欧米の信用調査会社やコンサルティング会社の社員が取り調べを受けた，との報道もある。

在中国日本大使館では，過去に日本人が拘束されたケースをもとに，スパイ行為と疑われる恐れのあるケースをまとめて，在留邦人に注意を呼び掛けてい

図表3　スパイ行為に巻き込まれないための注意点

「軍事禁区」や「軍事管理区」と表示された場所への許可のない立ち入りは禁止
軍事関係の施設・設備，国境管理施設などの一部の公的施設では写真撮影が厳しく制限されている。撮影した対象が国家機密に触れると判断された場合は重罪となる。興味本位でこれらの施設等を撮影しない。スケッチも取締り対象になる可能性がある
許可なく国土調査等を行うことは違法。GPSを用いた測量や温泉掘削などの地質調査，生態調査，考古学調査等に従事して地理情報を収集，取得，所有等をした場合も，「国家安全に危害を及ぼす」として国家安全部門に拘束される可能性がある
外国人による無許可の統計調査は禁止。学術的なアンケート調査なども法律に触れる恐れがある。活動内容が「調査」や「情報収集」に該当する可能性がある場合には，細心の注意が必要
携帯電話やパソコンなど電子機器は盗聴されている可能性がある。SNSやメールも監視の恐れを意識して利用を

（出所）在中国日本大使館のHPより抜粋

5　在中国日本大使館 HP「安全の手引き」（https://www.cn.emb-japan.go.jp/files/100523396.pdf）。

る（図表3）。これらに加えて，通常のビジネス行為だと思っても取引相手の中国人が政治的なトラブルを起こしたり巻き込まれたりして，それに連座するケースもある。

　当局が企業活動に常に目を光らせているわけではなく，通常のビジネスにおいては過度に警戒することはない。ただ，思わぬ落とし穴に嵌まらぬよう，従来以上に中国の政治情勢には気を配る必要はあるだろう。

2.3　データ3法により締め付け

　「データ3法」も外国企業に中国ビジネスを逡巡させる法規制だろう。データを囲い込むため，2017年以降，相次ぎ施行させてきた「ネットワーク安全法」「データ安全法」「個人情報保護法」を指す。個人情報をはじめ，多様なデータを国外に持ち出すことを厳しく制限している。

　個人情報保護法を巡っては，2023年6月に新たな規制が発表された。例えば，日本企業が中国に持つ子会社の従業員や顧客のデータを日本の本社が閲覧する行為は個人情報の「域外移転」に当たるとされ，当局へ事前にその内容などを届け出ることが求められた。その手間の煩雑さと負担増から，外資からは悲鳴が上がったが，その後，規制緩和の方針が示された。

　2022年には，配車アプリ大手の滴滴出行（ディディ）がデータ関連法に違反したとして80億元という巨額の罰金を命じられている。外国企業が摘発されるリスクもゼロではなく，有罪となれば最大で前年度売上高の5％の罰金が科せられる。法律の内容には常に注意する必要がある。

2.4　変化する日本企業の中国意識

　景気の減速や締め付け強化などビジネス環境の悪化に伴い，中国に対する日本企業の意識も変わりつつある。帝国データバンクが2023年7月に発表した「海外進出・取引に関する企業の意識調査[6]」によると，現在，海外進出している日本企業が販売拠点として最も重視する進出先は中国が19.6％でトップだっ

6　直接・間接のいずれかの形で海外進出をしている日本企業2292社に対して，現在海外進出している国・地域において，生産および販売拠点として最も重視する進出先はそれぞれどこであるかを調査している。

たが，前回の 2019 年調査と比べると 6.3 ポイント低くなっている。中国に次いで米国（9.8％），タイ（6.5％），ベトナム（6.1％），台湾（5.5％）が続き，前回調査と比較すると米国と台湾の割合が上昇した。生産拠点としても，中国が 17.1％と最も高かったが，やはりその割合は前回から 6.7 ポイントも低下した。帝国データバンクは「中国において人件費などのコスト上昇に伴い，投資環境としての優位性低下を懸念する声があり，ポストコロナ時代では，中国を最重要拠点と認識しているものの，国内回帰や他の国・地域へ拠点が移り変わる可能がある」と指摘する。

　日本貿易振興機構（ジェトロ）は 2023 年 11 月，「海外進出日系企業実態調査」の結果を発表。それによると，今後 1～2 年の事業展開の方向性として中国に進出する企業で「拡大」すると答えたのは 27.7％と，同調査が始まった 2007 年以降で最低の割合に止まった。理由は景気減速などによる「需要・売上の減少，市場の縮小」のほか，製造業では EV 化の進展に伴う日系自動車の不振をあげる企業もあった。

　進出企業で構成する中国日本商会は 2023 年 10 月，「会員企業景気・事業環境認識アンケート結果」を発表した。会員企業 1410 社から回答があり，2023 年について「今年は投資しない」と「投資額を昨年より減らす」と回答した企業が 5 割近くに達した（図表 4）。その理由としては「データ越境の規制により，市場の不確実性が高くなったため」（情報通信）「投資に見合った収益を見

図表4　日系企業の 2023 年の投資予定（業界別）

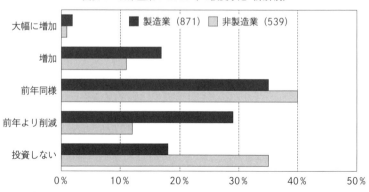

（出所）中国日本商会「会員企業景気・事業環境認識アンケート結果」より筆者作成

通すことが出来ない」（金融・保険・証券），「東京本社の中国への投資リスク懸念」（商社），「大陸の需要および海外の需要は低迷し，販路拡大には難航になると推測」（食料品）などの意見があった。

3．リスクに負けない日本企業

　もっとも中国日本商会の調査では，2023年の投資額を「前年と同額」とする企業が全体の4割程度を占めている。また，ジェトロの調査では中国事業を「第三国へ移転，撤退」すると答えた企業はわずか0.7％に過ぎない。一連の調査からは日本企業が投資環境の厳しさを認識しつつも，中国市場の重要性を信じて，粘り強くビジネスを継続しようとする，たくましい姿勢を垣間見ることができる。中国を捨てて他国へ拠点を移すリスクと，中国で事業を継続するリスク。両者を秤にかけるのは容易ではない。ここでは，中国でリスクに挑み，新規投資や事業の拡張に動く企業の動きをみてみたい。

3.1　パナソニックの挑戦〜「中国を重視しない選択肢はあり得ない」

　中国で果敢に挑戦する企業の代表例がパナソニックホールディングス（HD）だ。創業者の松下幸之助氏は生前，「21世紀は日本や中国などアジアの時代」と予言した。中国で改革開放路線が決定する直前の1978年10月，日中平和友好条約の相互批准書交換式に出席するため来日した鄧小平副首相（当時）が茨木テレビ事業部本社を訪問。これをきっかけに，松下氏と中国の交流が始まり，1987年に最初の合弁会社「北京・松下彩色顕像管（ブラウン管）」を北京市内に設立した。

　それから約半世紀，北京合弁は解消されたほか，海爾集団（ハイアール）や美的集団といった現地メーカーの台頭により，テレビや冷蔵庫など家電事業で苦戦が続いた。創業者が敷いた事業の路線は決して平たんではなかったが，いま再びパナソニックは中国で攻勢をかけようとしている。

　反攻の切り札の1つが高齢者向け住宅事業だ。中国で高齢者向け事業を手掛ける雅達国際（北京市）と組み，「雅達・松下社区」と呼ぶ住宅街を江蘇省宜興市で開発。住宅には建材や照明，住宅設備，家電などで様々なパナソニッ

ク製品を導入し，入居者はスマートフォンのアプリで照明や家電を操作できたり，尿から健康状態が分かるトイレなど，高齢者にやさしい住環境を提供する。合計約 1200 戸を設け，2023 年初めから入居が始まった。

　中国事業を統括するパナソニック HD の本間哲朗副社長は 2023 年 2 月に行った街びらきの式典（写真）で「私たちは高齢化が急速に進む日本で 20 年に渡って培ってきたビジネスの経験を中国に持ち込み，この街づくりに参加した。入居される方に安心，安全かつ快適な生活空間を提供したい」と話している。家電単体では中国メーカーとの厳しい競争にさらされるが，複数の製品を抱える総合力を武器に，日本で積み重ねた高齢者関連サービスという中国では新しい分野を切り開く狙いだ。

　パナソニック HD は中国に 60 数カ所の拠点があり，従業員は 5 万人。事業規模はグループ全体の 27％を占める。高齢者関連サービスだけでなく，家電など祖業の分野でも改めて積極投資を重ね，中国各地で工場を新増設する計画だ。2023 年 11 月，上海市の中国国際輸入博覧会に出席した本間副社長は中国メディアのインタビューに対して「中国の GDP は日本の 4 倍にもなり，この事実と向き合った時に，中国を重視しないという選択はありえない。中国で生き残ることがグローバルで生き残る鍵になる」との考えを示している。楠見雄規社長も同時期，日本のメディアに「中国市場から逃げればグローバルでの撤

写真 2　「雅達・松下社区」の式典（2023 年 2 月）

（出所）パナソニックチャイナの HP から

退を意味する」と述べた。企業トップが明確な方針を示すことは，先が見通せないビジネス環境の中でもがき苦労する中国担当者を大いに勇気づける。その効果は絶大である。

3.2　食品，健康関連で広がるビジネスチャンス

　製造業では食品加工分野も元気な企業が目立つ。明治は 2023 年 2 月，天津市で牛乳，ヨーグルトの新工場を稼働させ，健康志向が高まる国内市場向けに出荷を始めた。従来は江蘇省蘇州工場だけだったが，天津工場の稼働により中国での生産能力は約 2 倍になる。乳製品は賞味期限が短く，消費地に近いところに生産拠点を設ける必要がある。広東省広州市でも工場を建設しており，これが完成すると，華北，華東，華南の 3 地域での供給体制が整い，中国での生産能力は 2020 年度の 4 倍にまで高まるという。乳製品ではヤクルト本社も 2023 年初めに江蘇省無錫市で中国で 7 番目となる工場を稼働させている。

　米国と中国の対立激化により半導体関連分野が制裁対象となっているが，それ以外の分野では中国ビジネスの支障は少ない。パナソニックや明治のように高齢者，健康といった分野は日本が得意としており，中国勢との競争でも十分に戦える。「無印良品」を展開する良品計画のように，中国の店舗で契約した農場で栽培・収穫した有機野菜の販売を始めたケースもある。

　医薬・医療関連でも新規投資の例は少なくない。中国での報道によると，内視鏡大手のオリンパスは 2023 年 4 月，江蘇省蘇州市で医療機器の製造・研究開発拠点を設けるプロジェクトに着手した。初期投資額は約 6000 万ドル。完成すれば，同社にとって初の中国工場となる。島津製作所も蘇州に工場を持っており，ここで新たに質量分析計の上位機種の生産を始める。約 30 億円を投じて工場を拡張し，従来手掛けてきた低・中級機種に加えて高価格帯の機種も品ぞろえに加える。中国では医療機器や分析機器の政府調達時の国産品比率を高めようとしており，日本のメーカーは現地生産が避けられない。キヤノンメディカルシステムズも大連工場を増強した。歯科治療機器製造のナカニシは同年 11 月，中国の同業者，桂林市鋭鋒医療（広西チワン族自治区）の全持ち分を取得すると発表。低価格帯の製品に強みがある同社の買収を足がかりに，中国事業の拡大を狙う。

　クラシエ薬品は 2023 年 5 月，山東省威海市に約 40 億円を投じて新工場を建設。漢方薬原料生薬を加工を始めた。医薬品の製造基準「GMP 基準」を厳格に適用した先進的な製造設備を導入しており，クラシエホールディングスの岩倉昌弘社長は完成式典で「中国での新しい力として，クラシエの漢方薬事業の希望と夢を担っている」と，新事業への期待感を表している。漢方薬ではツムラも原料生薬の増産と製剤化した医薬品の販売を目指している。

4．いかに根付くか～中国から謙虚に学び，ともに生きる

　日本企業の中国ビジネスは右肩上がりの投資ブームが去り，ここ数年は事業環境の悪化に耐えられない企業の撤退が目立った。一方では新規投資も絶えることなく，収益の機会をうかがう企業も多数ある。

4.1　中国からの収益は増加傾向続く

　進出企業数が減少しても，中国から得られる収益は決して減っていない。国際収支統計で日本が中国から得た直接投資収益（現地法人からの配当や利子，現地で内部留保した利益などの合計）をみると，2022 年は前年比 26.0％増の 3 兆 2019 億円にのぼった（図表 5）。しっかり利益をあげて回収している企業は確実に存在しており，中国事業が本体の業績を支えている企業も依然として少なくない。中国ビジネスにはなお大きな可能性がある。

　中国になおビジネスチャンスを求めるのは欧米勢も同じだ。世界の巨大企業は米中対立が長期化し，全体としては外資の対中投資が減速する中でも，虎視眈々と将来の商機をうかがう。

　2023 年は米国企業の大物の訪中が相次いだ。3 月のアップルのティム・クック最高経営責任者（CEO）を皮切りに，5 月には EV 大手テスラのイーロン・マスク CEO が 3 年ぶりに中国の土を踏んだ。同月，金融最大手 JP モルガン・チェースのジェイミー・ダイモン CEO が上海を訪問，6 月にはマイクロソフト共同創業者のビル・ゲイツ氏が北京市で習近平国家主席と会談し，10 月にはティム・クック CEO が再び中国を訪れている。米国勢のほか，フランスのマクロン大統領は 4 月，航空機大手エアバスのトップら企業関係者を引き連れ

図表5　日本企業の中国からの投資収益は増加傾向にある

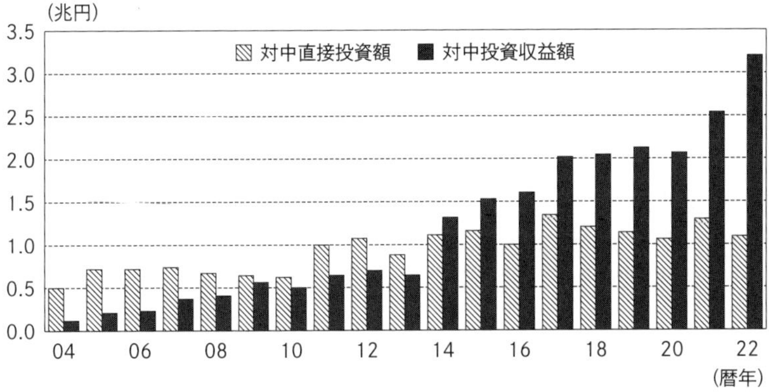

（出所）財務省，日本銀行の統計から作成

訪中し，習主席から異例の厚遇を受けている。日本企業のトップが国家主席クラスと会談する例は近年，皆無である。欧米勢の攻勢は凄まじいものがある。

　日本企業が中国で生き抜くには，こうした欧米勢に加えて，成長著しい中国企業との競争に臨まなければならない。進出企業には自社の技術や製品力を武器に，厳しい競争に挑む勇気と知恵が求められる。

4.2　リスクを見極める～商工会の活用し情報収集

　習政権が存続する限り，中国国内での統制強化の傾向は大きく変わることはない。反スパイ法の改正にみられるように，何が当局の意向に反するのか，よく分からないケースも出てくる。ビジネスの様々な場面で指導部に従順な姿勢を示すことが求められるだろうし，それが嫌なら中国から出ていくほかない。中国に残る企業は，改めてチャイナ・リスクを点検し，落とし穴に嵌らない，地雷は踏まないよう細心の注意を払う必要がある。

　リスクを探るにはまず，指導部の考えをよく理解し，政策の流れと細部を正確に知ることが大切だ。そのためには，中央や地方政府との意思の疎通を図るとともに，最新の情報を収集したい。1社単独でなかなか難しいが，多くの企業が加盟する商工会には，その役割を期待できる。

　中国本土と香港にある日系企業の商工会や日本人会の数は合計43（図表6，2023年4月時点，中国日本商会調べ）。過去，これらの団体は会員間の親睦の

図表6　中国本土・香港で活動する日系企業の団体

東北地域
黒竜江省日本商工会 / 長春日本商工会 / 瀋陽日本人会 / 大連日本商工会
華北地域
中国日本商会 / 廊坊日本人会 / 天津日本人会
華東地域
烟台・威海日本人会 / 青島日本人会 / 済南日本人会 / 上海日本商工クラブ / 南京日本商工クラブ / 南通日本人会 / 蘇州日商倶楽部 / 無錫日商倶楽部 / 昆山日本人同郷会 / 太倉JP会 / 合肥日商倶楽部 / 平湖市日系企業分会 / 蕭山日商クラブ / 寧波市外商投資企業協会日商倶楽部 / 福州市日本企業会 / 厦門日本商工倶楽部
華中地域
武漢日本商工クラブ / 湖南省日本人会
西北部
西安日本人クラブ
西南地域
成都日本商工クラブ / 重慶日本クラブ / 雲南日本商工会
華南・香港地域
広州日本商工会 / 深圳日本商工会 / 珠海日本商工会 / 珠海日本商工会 / 汕頭日本商工会 / 東莞長安鎮日商企業連絡事務所 / 東莞日系企業連絡会 / 東莞東部日本人会 / 恵日会 / 中山日本商工会 / 広西日本商工会 / 海南日本人会 / 香港日本人商工会議所 / 香港日本人会

（出所）中国日本商会の資料から作成

　場にとどまり，情報収集や当局との交渉に臨む機能が乏しかった。しかし，近年では独禁法や環境規制の強化など，これまでになかったリスクが顕在化すると，会員から機能強化を求める声が高まり最近では組織の充実などが図られている。特に総本山ともいえる中国日本商会（北京市）は2010年から毎年，日系企業が直面するビジネス環境上の課題や解決のための方策をまとめた「中国経済と日本企業白書」を発行して，中国政府に建議している。また，2023年4月には新しい会長にパナソニックHDの本間哲朗・副社長を選出。同会のトップはこれまで総合商社の北京総代表が持ち回りで務めており，メーカーの代表が就任するのは初めてだ。本間氏は中国語も堪能。日本企業の先頭に立って，中国当局にビジネス環境の改善などを促す役割が期待される。

4.3　自社の人材の育成と中国人の活用

　中国ビジネスのポイントとして，情報収集とともに大切なのが人材育成だろう。対中投資が盛り上がった 2000 年代前半には多くの日本企業が社員を中国に留学させ，語学の習得と人脈づくりをさせていた。新型コロナウイルス禍により渡航が難しくなった時期には多くが中断を余儀なくされたが，行動制限の撤廃に伴って，改めて中国への留学に力を入れてみたい。

　優秀な中国人の採用も欠かせない。中国教育省の統計によると，2024 年に大学を卒業する学生数は前年より 21 万人多い 1179 万人と過去最高を更新する見通し。景気の本格回復が遅れる中，若年層の就職難はますます深刻化することは間違いない。待遇面で中国企業や他国企業とそん色ない条件を整えれば，優れた人材の確保は十分に可能だ。

　日本の本社では能力・成果主義の賃金体系を重視する企業が増えている。中国の現地法人でも同様に，個人の能力や実績に見合った人事制度を定める工夫が必要だろう。日系企業はこれまで日系間の横並びに気を配り，各地の平均賃金を基準にした給与体系を設けるところが多かった。優秀な人材を積極的に評価する体系を構築することが，台頭著しい中国企業などと戦ううえで欠かせない。

　日本で中国本土の学生を受け入れる人事も可能である。中国の新卒者に日本での就職機会を提供する人材紹介会社の幹部はこう話す。「中国の学生に日本で働く動機をたずねると，『中国の指導者は間違っている』『こんな国から出て，もっと自由で暮らしやすい場所で働きたい』と，明確に体制を批判する学生は少なくない」。

　中国における厳しい統制に嫌悪する若者は少なくない。彼らは日本だけでなく，様々な国へと旅立っている。行動力のある中国人はいつか世界各地で活躍して「新しい華僑」ネットワークを構築するだろう。彼らを取り込み国際的な人脈を活用することは，日本企業の世界展開において必ずや貴重な武器となる。

4.4　中国から学ぶ～彼我の差を謙虚に受け入れよう

　中国が改革開放路線を打ち出してから 46 年。経済力で中国は日本をはるか

に凌ぐ大国となった。この間，日本は中国に技術や資本を与える立場が長く続いたが，現在，その関係は大きく変わっている。

日本企業が厳しい競争に生き残るには，彼我の差を素直に受け止めて「上から目線」の態度を改め，中国から学ぶ姿勢も必要である。

EV 業界では，欧米勢が企業規模が 10 分の 1 にも満たない中国の新興企業との連携に動いている。独フォルクスワーゲン（VW）は 2022 年，電池コストの抑制を狙って，車載電池大手，国軒高科の一部株式を取得。2023 年 8 月には新興メーカー「御三家」の一角である小鵬汽車への出資も決めた。同社を活用して 26 年に中国市場向けの新型 EV を発売する。

VW は中国で最も早く乗用車の合弁生産と始めた草分け的な存在だ。2019 年の中国でのシェアは 16% だったが，22 年は 12% まで下がった。EV でも出遅れており，そのシェアはわずか 3% に過ぎない。中国市場では低価格で，なおかつ社内で様々なインターネットサービスを楽しめる EV に人気が集まっており，この分野では中国勢が圧倒的に技術やノウハウを持つ。中国メーカーにならい，コスト削減と消費者に受け入れられる車づくりをするしなければ，シェア拡大は望めない。VW は自社主導の開発だけではなく，中国の新興勢力との協業により開発力を高め，巻き返しを図る戦略だ。欧州勢ではステランティスもコスト削減のノウハウ取得などを目指し，2023 年 10 月，新興メーカーの浙江零跑科技に 15 億ユーロ（2400 億円）を出資している。

企業間の連携だけでなく，中国法人では営業にせよ研究開発にせよ，積極的に中国人材を要職に登用し，彼らの能力や人脈をうまく活用することが大切だ。中国人から中国市場を学ぶ。謙虚な姿勢に立ち返ることがビジネスチャンスを掴む道につながる。

索　　引

執筆者紹介

(執筆順)

遊川 和郎　亜細亜大学 教授　　　　　　　　　　　　　　（序　章）

丁　　可　日本貿易振興機構アジア経済研究所 主任研究員　（第1章）

李　澤建　大阪産業大学 教授　　　　　　　　　　　　　（第2章）

山田 周平　桜美林大学大学院 特任教授　　　　　　　　　（第3章）

高口 康太　ジャーナリスト，千葉大学 客員教授　　　　　（第4章）

張　紅詠　独立行政法人経済産業研究所 上席研究員　　　（第5章）

李　志東　長岡技術科学大学大学院情報・経営システム系 教授　（第6章）

中岡 深雪　北九州市立大学 教授　　　　　　　　　　　　（第7章）

寳劔 久俊　関西学院大学国際学部 教授　　　　　　　　　（第8章）

湯浅 健司　日本経済研究センター　　　　　　（はじめに，第9章）
　　　　　　首席研究員 兼 中国研究室長

新中国産業論
──その政策と企業の競争力──

2024年7月31日　第1版第1刷発行　　　　　　　　検印省略

編著者　遊　川　和　郎
　　　　湯　浅　健　司
　　　　日本経済研究センター

発行者　前　野　　　隆

発行所　株式会社　文　眞　堂
　　　　東京都新宿区早稲田鶴巻町533
　　　　電　話　03（3202）8480
　　　　FAX　03（3203）2638
　　　　https://www.bunshin-do.co.jp/
　　　　〒162-0041 振替00120-2-96437

製作・モリモト印刷
© 2024
定価はカバー裏に表示してあります
ISBN978-4-8309-5267-8　C3033